HISTOIRE

# DE L'HEURE

HORLOGE DE STRASBOURG.

# HISTOIRE
# DE L'HEURE

PAR

## J.-C. HOUZEAU
ANCIEN DIRECTEUR DE L'OBSERVATOIRE DE BRUXELLES

HORLOGE DU XVI<sup>e</sup> SIÈCLE

## MONS
HECTOR MANCEAUX, IMPRIMEUR-ÉDITEUR

1889

# 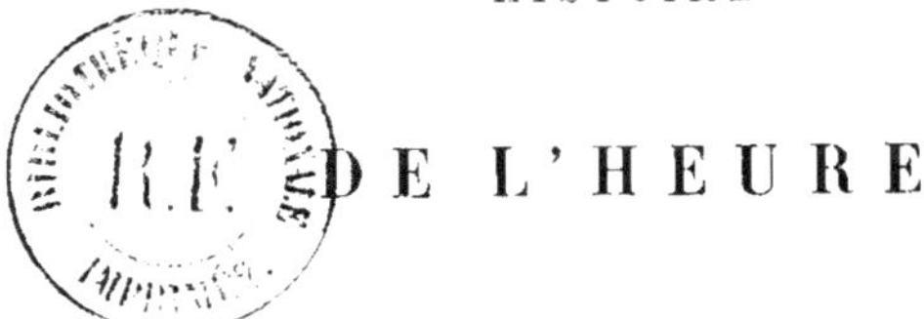 DE L'HEURE



Une durée d'une heure est pour nous un laps de temps déterminé et toujours le même, comme un mètre est partout et dans toutes les circonstances une longueur constante.

Il nous semble que cette fixité est une condition essentielle, tellement élémentaire que toutes nos idées de mesure seraient jetées dans la confusion si l'on sortait de cette simplicité. Cependant l'histoire prouve que les conceptions les plus simples sont celles auxquelles l'homme arrive en dernier lieu, et qu'il a toujours commencé par les combinaisons les plus compliquées.

Dans un temps peu éloigné, il y avait encore, par toute l'Europe, des heures de diverses grandeurs. Il y avait des heures différentes pour l'été et pour l'hiver, des heures différentes pour le jour et pour la nuit, et l'inégalité atteignait parfois une valeur considérable.

Nos principales lignes de chemins de fer existaient déjà, que beaucoup de nos villes avaient encore des heures qui n'étaient pas tout à fait égales entre elles d'un jour au jour suivant.

Pour se rendre compte du maintien de cette complication pendant tant de siècles, il faut se reporter aux moyens par lesquels l'homme est parvenu, par degrés, à une appréciation de plus en plus précise du temps.

Les premiers peuples n'avaient pour se guider que les apparences générales du jour et de la nuit. Ils formaient des divisions, qui avaient nécessairement quelque chose de vague, et qui ne pouvaient exprimer que d'une manière approximative le progrès du temps.

Ainsi dans le Zend-Avesta des anciens Perses, on voit le jour divisé en cinq périodes : le temps dit de l'aurore que l'on comptait depuis le milieu de la nuit jusqu'au lever du soleil ; le temps du sacrifice depuis ce lever jusque vers midi ; la pleine lumière de midi au déclin du soleil; le lever des astres du déclin du soleil à l'apparition des étoiles, et la récitation des prières depuis l'apparition des astres jusqu'à minuit.

Ces cinq parties du jour se nommaient :

Ushahina, hâvani, rapithwina, uzayèrina, aiwiçrûthrema.

Cinq Gahs ou Génies présidaient à ces cinq parties du jour.

Les Musulmans ont conservé cinq temps pour la prière : à l'aurore, à midi, dans le milieu de l'après-midi, au coucher du soleil, à nuit close.

Ils appellent ces cinq temps :

Alfedjr, alzhor, alasr, almagreb, alacha.

Pour se guider dans la marche du temps, ils joignent à la nuit proprement dite le premier chant du coq.

Les divers peuples marquaient d'autant plus de divisions que le développement de leur intelligence était plus avancé.

Les indiens Makahs, du détroit de Fuca, n'ont encore aujourd'hui que cinq termes : le lever du soleil, le midi, le coucher du soleil, la soirée et le milieu de la nuit.

Les Incas, grâce à l'état plus avancé de leur civilisation, allaient un peu plus loin.

Les Mayans du Yucatan avaient dix termes.

Les Islandais qui, au milieu du siècle dernier, étaient encore dépourvus d'horloges, employaient aussi dix expressions, les unes significatives, les autres conventionnelles, pour marquer des intervalles dans le progrès du jour et de la nuit.

Les Tahitiens, au temps de la visite de Cook, avaient douze désignations, six pour le jour et six pour la nuit.

Mais c'étaient les Aztèques, placés à la tête du développement intellectuel du Nouveau Monde, qui étaient allés le plus loin dans cette voie. Ils comptaient jusqu'à seize parties.

Chacune de ces divisions supposées égales aurait embrassé une heure et demie. Mais rien n'assurait l'égalité de ces parties.

Dans les moments de transition, par exemple, c'est-à-dire vers le temps du lever et vers le temps du coucher du soleil, les variations étaient bien plus faciles à constater qu'au milieu du jour ou au milieu de la nuit.

Aussi trouvait-on presque partout, à ces époques, des intervalles plus courts, fondés sur des phénomènes qui changeaient plus vite.

Au reste ce n'étaient pas les seuls peuples incultes, qui se servaient de termes caractéristiques pour marquer les progrès du jour et de la nuit.

Les peuples policés ont été longtemps réduits à la même nécessité, faute de moyens exacts de mesure.

Les Grecs avaient des expressions de cette espèce.

Varron nous a conservé sept termes employés par les Romains, qui sont :

Mane, dies, medidies, suprema, vesper, nox, intempestus.

Censorinus qui était postérieur aux Antonins (de son temps on connaissait les gnomons et les horloges à eau) en donne encore quatorze: gallicinium, conticinium, duluculum, mane, ad meridiem, meridies, de meridie, suprema, vespera, crepusculum, concubium, tempesta nox, media nox, de media nocte.

L'usage de ces termes remontait à l'époque où il n'y avait pas encore d'heures, condition dont les plus anciens monuments écrits portent témoignage.

Non seulement la Genèse, mais Homère, mais Hésiode, ne distinguent jamais le temps que d'après l'état du jour.

Le mot heure ne se trouve ni dans Platon ni dans Xénophon, et il faut descendre jusqu'à Menandre, qui vivait au commencement du III<sup>e</sup> siècle, c'est-à-dire presque à la domination Macédonienne à Athènes, pour le rencontrer pour la première fois.

La première appréciation, vague et indécise, de la marche du temps, reposait donc sur les conditions de lumière et le cours du principal luminaire.

Lorsque les Koussas de la Cafrérie veulent connaître le progrès du jour, ils étendent le bras vers l'endroit du ciel où se trouve alors le soleil.

Pendant la journée, c'est cet astre, en effet, qui sert de guide. Mais la nuit les conditions sont absolument différentes, et nous touchons ici à la distinction que les anciens peuples faisaient entre les heures du jour et celles de la nuit. Car la manière d'apprécier ces heures par les mouvements du ciel était entièrement différente dans les deux phases.

Lire le progrès du temps dans ces deux circonstances constituait deux arts distincts, auxquels s'exerçaient des hommes différents, des veilleurs de deux espèces, qui n'avaient dans leurs méthodes rien de commun.

C'est dans la position des étoiles que les peuples primitifs puisent une première appréciation du cours de la nuit.

Les Quojas de la Sénégambie se contentaient également d'exprimer vaguement la durée par les déplacements d'un astérisme, assemblage d'étoiles, remarquable, tel que les Pléïades, groupe de six étoiles qui sont dans le signe du Taureau.

Mais plus tard ils étudient le caractère des changements que le ciel constellé éprouve d'heure en heure.

Les différents astérismes s'inclinent dans leur mouvement ; des étoiles disparaissent à l'Occident, d'autres apparaissent à l'Orient. Il y a un roulement continu d'où l'on peut tirer une sorte de mesure.

C'est la nuit, dit Euripide, qui, enveloppée dans un grand voile noir parsemé d'étoiles, parcourt sur son char l'étendue des cieux.

En notant les étoiles qui se lèvent l'une après l'autre à l'Orient, on pouvait en choisir d'assez également espacées pour diviser la nuit en intervalles à peu près égaux.

Telle était la méthode suivie dans l'ancienne Égypte, au temps des Pharaons, et par les Accadiens de la Mésopotamie.

C'était aussi la marche que prenaient les Grecs et, plus tard, les Romains.

Il existe à Thèbes, sur la rive gauche du Nil, au plafond du tombeau du roi Ramsès IV, dont les ruines datent du xiii<sup>e</sup> siècle avant notre ère, un calendrier uranologique donnant, de quinze nuits en quinze nuits, pour le cours entier d'une année, les levers des étoiles qui paraissent successivement sur l'horizon de la haute Égypte, depuis l'obscurité jusqu'à l'aurore.

Les astres indiqués sont choisis avec habileté pour fournir dans chaque nuit treize repères fixes dans la durée, et par conséquent douze intervalles désignés. Mais ces intervalles dépendant des positions des étoiles, il n'était pas possible qu'ils fussent rigoureusement égaux entre eux.

C'est aux Accadiens qu'est due l'idée de partager en douze parties la durée de la nuit. Ils avaient divisé en douze la circonférence du ciel, d'après le nombre des lunaisons qu'il y a dans l'année.

Ils avaient pris à cet effet des repères parmi les étoiles, et les astres ainsi désignés, se présentant à l'horizon oriental, servirent à subdiviser la nuit.

Comme les durées étaient un peu grandes, on partagea en deux chaque intervalle, et l'on eut, au lieu de douze heures doubles, vingt-quatre heures simples, dont douze pour la nuit et par analogie douze pour le jour.

Cette division du temps en deux séries de douze heures remonte à plus de vingt siècles avant notre ère.

Les peuples voisins l'adoptèrent.

Les anciens Égyptiens comptèrent douze heures, comme les Accadiens, du coucher au lever du soleil ; une divinité particulière présidait chez eux à chacune de ces divisions. Le douzième et dernier intervalle appartenait à « la dame du moment où il n'y a plus de ténèbres ». Toutes les nations de l'Occident suivirent le même exemple.

Telle est la raison pour laquelle nous comptons les heures en deux fois et par douze, au lieu de dix, dans un système de numération qui n'est pas le nôtre.

C'est aussi aux mesures accadiennes que se rapporte la subdivision de l'heure par soixantièmes, autre déviation singulière de notre arithmétique.

En effet les Accadiens employaient, dans leur manière de compter, une combinaison de la numération décimale avec la numération duodécimale ou à base douze. C'était une arithmétique plus savante que celle de la plupart des peuples primitifs, qui se bornaient à compter sur les doigts, et qui nous ont légué le système décimal, pris dans notre organisation même.

Les étoiles de repère étant connues, on guettait, dans le cours de la nuit, l'apparition de celles qui marquaient le commencement des douze durées partielles.

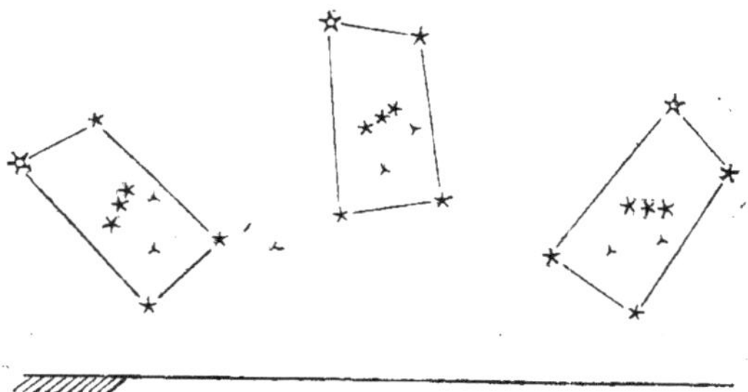

ORION A DIFFÉRENTES HEURES.

2

Tous les peuples policés ou semi-policés de l'Occident avaient appris à veiller ces phénomènes.

On voit par un vers de Manilius que cette observation était d'un usage général chez les Grecs au temps de la guerre de Troie.

Contrairement à ce qu'on serait tenté de penser, les peuples du Nord, et même

CHEF DES ESQUIMAUX.

de l'extrème Nord mettaient à suivre la conversion du ciel une attention plus constante . que les peuples du midi.

Les conditions où ils étaient placés en étaient cause.

Dans l'obscurité continue de leurs hivers les Esquimaux, par exemple, n'ont que les inclinaisons diverses des étoiles pour leur apprendre où ils en sont de la période diurne, pour distinguer midi de minuit.

Les Chinois avaient adopté, pour déterminer les heures de la nuit, une méthode qui différait de celle des peuples de l'Occident.

Les étoiles à leur lever sont souvent obscurcies par des brumes ; leur observation à l'horizon n'est pratique que dans les beaux climats surtempérés ou tropicaux.

Dans les zones moyennes il était préférable d'observer l'instant où les astres arrivaient au plus haut de leur cours, dans la direction exacte du Sud.

Il suffisait de déterminer cette direction une fois pour toutes, puis de voir, à chaque partie de la nuit, quelle étoile venait s'y aligner.

C'est la méthode qu'ont prise, depuis deux siècles, les astronomes modernes, qui ont seulement substitué à l'emploi de la vue celui du télescope grossissant.

Les Chinois annonçaient au peuple les progrès de la nuit, partagée en cinq veilles, en sonnant une cloche dont le son était rendu plus doux par un battant en bois.

Marco-Polo, le célèbre voyageur du XIIIe siècle, le premier rapporta cet usage, qui s'est conservé jusqu'à ce jour.

Les Aztèques avaient des prêtres qui annonçaient les divisions de la nuit à l'aide d'espèces de porte-voix ou de trompettes, du haut des téocallis.

Le compte du temps pendant la nuit était donc absolument distinct du compte pendant le jour.

On partait du coucher du soleil, et l'on allait jusqu'à sa réapparition le matin suivant à l'Orient. Au lever du soleil commençaient les heures de jour, qui exigeaient des moyens d'appréciation complètement distincts.

L'annonce des heures, pour le bénéfice de la multitude, était par suite dévolue à deux espèces de veilleurs différents.

Il y avait une opposition radicale entre les procédés du jour, par le soleil, et ceux de la nuit, par les étoiles.

Les deux périodes restaient absolument séparées.

Dans le jour, la connaissance de l'heure avait une importance toute particulière. Il était donc naturel qu'on cherchât les meilleurs moyens de la lire au soleil.

La direction et la hauteur de l'astre se traduisaient à tout instant par l'orientation et la longueur des ombres. Le mouvement de ces ombres était un phénomène si apparent et si général, qu'il provoquait pour ainsi dire l'attention des hommes. Mais il était plus difficile d'en tirer des indications positives.

Dans les zones tempérées, par exemple, la longueur de l'ombre n'est pas la même, au même instant du jour, pendant les divers mois : la différence peut être considérable.

Cette longueur n'a donc qu'une valeur relative. Elle est aujourd'hui caractéristique d'une certaine heure, mais demain elle ne le sera plus.

Lorsque dans les Harangueuses d'Aristophane, deux personnages se donnent rendez-vous pour l'instant où l'ombre aura dix pieds, cette indication n'a de valeur qu'en ce moment de l'année.

Dans une autre saison, il faudrait convenir, pour avoir la même heure, d'une longueur de l'ombre différente. Aussi avait-on dressé des tables qui donnaient la proportion de l'ombre mois par mois, aux différentes heures. Chaque localité importante avait les siennes.

A Rome, on se servait encore couramment de ces tables au temps de la décadence de l'empire.

Sous les tropiques, la marche, il est vrai, était plus constante, parce que les jours sont presque égaux, et que les hauteurs du soleil aux mêmes heures varient peu. Ainsi les Madécasses, visités par Flacourt au milieu du XVII siècle, avaient pu obtenir d'une manière approximative la longueur de l'ombre au temps du jour.

Ils étaient en quelque sorte à la naissance de la mesure de . l'heure par les ombres. Ils se plaçaient au soleil, et nommaient *saa* celle de leur corps. Ayant remarqué que l'ombre qu'il produisait sur le sol avait un terme, ils en mesuraient la longueur par la juxtaposition de leurs pieds.

Quand l'ombre du corps contenait, par exemple , vingt-quatre fois la dimension de la plante du pied ; ils en tiraient une sorte d'avis relatif au coucher peu éloigné du soleil.

Mais dans les sociétés organisées, l'objet qui fournissait l'ombre c'était la pierre dressée du gnomon, mot grec qui signifie indicateur.

Des circonférences tracées de pied en pied autour de la base, donnaient à vue la longueur de l'ombre. Tous les peuples anciens avaient élevé, sur les places publiques, pour l'usage du peuple, des gnomons, instruments qui marquent l'heure par la direction de l'ombre produite par un corps solide.

On en a trouvé en Amérique chez les Incas, les Mayans, les Aztèques.

Anaximandre avait introduit le gnomon d'Asie à Sparte, capitale . d'une république du même nom, dans l'ancienne Grèce, au VIe siècle.

Rome ne le connut que trois siècles plus tard, pour l'avoir trouvé établi chez les Samnites.

Mais toute l'Asie s'en servait depuis longtemps.

En Chine, la loi en déterminait la hauteur uniforme à huit pieds chinois, afin que les observations fussent comparables dans toutes les villes de l'empire.

Ailleurs il n'existait pas de règle fixe.

Les plus belles cités se faisaient une sorte de gloire d'élever des obélisques fastueux. Athènes et Rome en avaient de toutes dimensions.

L'empereur Auguste en fit ériger un dans le Champ de Mars, qui venait d'Egypte ; il avait vingt-deux mètres de hauteur. Une base colossale avait été préparée pour le porter.

ROME ANCIENNE.

L'astronome Facundus Novus l'avait sur-
monté d'une boule, afin de rendre plus sûre
l'observation de l'extrémité de l'ombre.

Une bande de laiton incrustée dans le
pavement marquait la ligne de midi.

Ce gnomon monumental fut renversé plus
tard pendant les troubles de l'empire.
Les morceaux brisés en sont aujourd'hui
sous terre, et traversent les caves de plusieurs
maisons.

A Rome, on avait établi de bonne heure des
gnomons de dimensions plus modestes, dans
la cour des préteurs. Les huissiers nommés
*accensi* ou *accenses* attachés à ces magistrats,

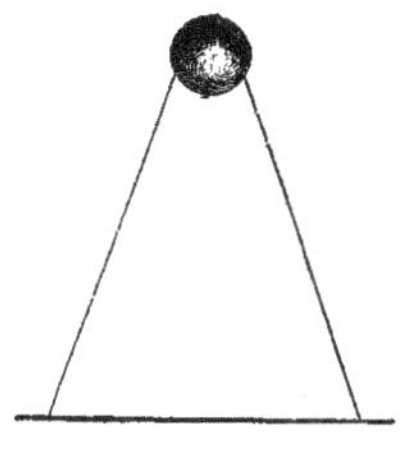

GNOMON.

étaient chargés de surveiller l'ombre, et d'annoncer trois fois à haute voix l'instant de la journée, le matin, à midi et le soir.

Les riches particuliers se donnaient chez eux le même avantage. Ils avaient un gnomon dans les dépendances de leur demeure ; un esclave y surveillait le progrès de l'ombre, et de temps à autre venait en annoncer la longueur.

Mais cette longueur était toujours quelque chose de relatif. Elle n'avait pas la même signification en toute saison. Il fallait en quelque sorte la suivre de jour en jour, et se pénétrer des changements progressifs qu'elle éprouvait. On avait des repères dans la marche du temps, mais non encore de véritables heures.

La mesure des durées put prendre cependant quelque chose de plus précis, lorsque le progrès des mathématiques permit de se rendre un compte exact de la trace des ombres.

Aux gnomons verticaux se substituèrent alors les cadrans solaires, sur lesquels non plus la longueur mais la direction de l'ombre marque les heures. Les Égyptiens et les Chaldéens avaient de ces cadrans plusieurs siècles avant notre ère.

Le premier qui fut placé à Athènes fut installé au moment le plus brillant de l'administration de Périclès, dans le pnyx qui était la place où se tenaient les assemblées.

CADRAN SOLAIRE DES ROMAINS.

(DURUY, *Histoire des Romains*, tome II, p. 275. Hachette, éditeur.

Rome, toujours moins avancée, n'eut son premier cadran qu'à la suite de la seconde guerre punique : on l'avait enlevé à Catane ; mais par suite de la différence des latitudes, il ne donnait les heures de Rome que d'une manière inexacte.

Ce fut près de trente ans plus tard que le censeur Philippus le remplaça par un autre adapté à l'horizon du lieu.

Il y avait de ces cadrans d'un grand nombre de formes différentes.

Les musées de Naples, du Louvre et du British Museum renferment aujourd'hui ceux qu'on a retirés des fouilles archéologiques.

Les plus usités étaient creux, tantôt en demi-sphère, comme la scapnè de Bérose, tantôt en cônes couchés dont une partie était enlevée.

On peut se faire une idée générale de la forme la plus répandue en se figurant la coque vide d'un bateau, et la coupant par le milieu, de manière à ne conserver que la moitié soit d'avant soit d'arrière. L'axe de ce demi-bateau était correctement orienté sud-nord, et les bords de la coque s'étaient mis parfaitement horizontaux. Dans le plan de ces bords et dans l'axe de l'appareil, un style donnait un point d'ombre.

Au lever du soleil, quand l'astre était dans l'horizon, ce point d'ombre se projetait exactement sur l'un des bords de la coque, et à son coucher sur l'autre bord. Dans l'intervalle le point parcourait le fond de la coque.

Quelle que fût la longueur du jour, été comme hiver, ce point partait d'un bord du cadran, et allait disparaître le soir au bord opposé. Or en divisant le fond du bateau en douze zones, on avait les douze heures voulues pour la journée, douze heures qui commençaient toujours, en toute saison, au lever du soleil, et qui finissaient à son coucher. C'était une construction ingénieuse pour satisfaire aux habitudes des populations.

Il y avait de ces cadrans d'une grande dimension, érigés sur de solides soubassements au milieu des places publiques.

TOUR DES VENTS A ATHÈNES.

Le tyran Dion, lorsqu'il rentra à Syracuse, monta sur l'un d'eux, pour haranguer le peuple comme d'une tribune.

C'était à Athènes qu'on trouvait, dans la tour des vents, édifice octogone qui existe encore, un cadran superbement monumental.

Sa construction avait dû suivre de très près la réduction de la Grèce en province romaine. Le soleil en éclairait tour à tour différentes faces. Chaque face portait des lignes horaires sur lesquelles tombait l'ombre d'un style.

Ici, comme sur tous les cadrans des anciens, ces lignes étaient encore disposées de manière à donner douze coupes, en toute saison, entre le lever et le coucher du soleil.

On était donc arrivé par les cadrans à partager la journée en divisions métriques. La nuit terminée, on commençait à compter les heures de jour. Ce double système existait chez toutes les nations anciennes. Mais malgré le progrès réalisé par l'emploi des cadrans, la connaissance de l'heure était forcément subordonnée à l'état de l'atmosphère. Elle était précaire ; un nuage suffisait pour tout effacer.

A côté de ce premier obstacle, il y avait quelque chose d'indécis, quelque chose de flottant, dans la mesure. Que la journée fût longue, comme en été, ou courte comme en hiver, on la partageait toujours en douze heures.

La première heure commençait au lever du soleil ; midi s'appelait six heures, et le coucher du soleil douze heures.

Dans nos climats, les heures de jour du mois de juin étaient donc plus que doubles de celles de décembre. Les heures de nuit, au contraire, étaient moindres de moitié.

Cette inégalité est mentionnée dans un grand nombre de passages des auteurs classiques.

De jour en jour et par degrés la longueur des heures de nuit et celle des heures de jour variaient. Aussi appelait-on ces heures des heures temporaires.

Les Chaldéens avaient bien eu l'idée d'heures égales, mais celles-ci restaient une pure conception théorique.

Les populations de l'Occident s'étaient habituées à des heures de longueur variable :

elles faisaient du lever et du coucher du soleil deux termes, qui coupaient chaque date en deux parties définies et absolument distinctes. Il est même fort remarquable que quand on commença à employer un mouvement mécanique pour mesurer le temps, mouvement sensiblement uniforme dans son allure, ces populations aient exigé la conservation des heures inégales. Il fallut faire marquer par ' un instrument à marche régulière des durées variables.

Telles sont l'obstination des esprits et la puissance presque invincible de la routine.

Le premier moyen mécanique auquel on eut recours pour la mesure du temps fut l'écoulement de l'eau. Il exigeait, pour avoir une certaine exactitude, que l'écoulement se fît d'un vase à niveau constant.

On dut en faire la remarque dès l'origine, car nous voyons que ces instruments furent employés très anciennement à des observations proprement dites.

Les Grecs les appelaient clepsydres c'est-à-dire fuites d'eau, parce qu'afin de ménager le liquide on le faisait couler avec une grande lenteur, et le plus souvent goutte à goutte.

Ces instruments avaient été inventés par différents peuples, bien longtemps avant que la Grèce eut une histoire.

Les Égyptiens paraissent avoir eu l'idée de ce moyen de mesure, au commencement de la xixᵉ dynastie, quinze siècles avant notre ère.

L'ancien ouvrage chinois Tcheou-li, Traité des rites, qui date apparemment du xiiᵉ siècle, en donne une description complète.

Le Chou-King de Confucius le mentionne.

Dans un vase supérieur on entretenait un niveau sensiblement constant, en versant de l'eau à de courts intervalles. Cette eau tombait goutte à goutte dans un vase inférieur. Le niveau montait ici proportionnellement au temps ; une tige graduée, qui s'élevait du fond de ce second vase, servait à mesurer les accroissements. On divisait cette tige en cent parties, appelées *khe,* qui représentaient la durée complète d'un jour et d'une nuit. Chaque *khe* était donc de quatorze minutes.

Ces horloges ont été perfectionnées avec le temps, et sont cependant encore en usage dans certaines parties de l'Orient.

L'Encyclopédie japonaise, publiée en 1714, en mentionne une qui sonne automatiquement les heures.

Les poètes chinois ont souvent chanté la mesure silencieuse du temps par le liquide qui s'écoule; et dans l'Inde, l'héroïne du poème de Bhascara laisse tomber dans le bassin de l'appareil une perle de sa chevelure, pour retarder la fuite de l'eau.

La forme la plus rudimentaire sous laquelle on pratiquait la mesure par l'eau, était celle des vases troués. C'étaient de simples coupes, percées d'un ou plusieurs trous fort petits, qu'on faisait flotter. La coupe s'emplissait lentement, et à un certain moment elle chavirait, marquant ainsi une durée toujours la même.

Il fallait seulement surveiller cet appareil, et aussitôt la coupe enfoncée, la relever, la vider et la remettre en expérience.

Ce moyen est encore le seul employé aujourd'hui dans l'intérieur de l'Asie.

Les peuples mongoliques règlent les coupes de manière à ce qu'elles chavirent 64 fois dans une nuit et un jour. On a ainsi des intervalles de 22 1/2 minutes, qu'on appelle *gari*.

Toutefois la surveillance exigée ne permet guère aux particuliers le luxe de ces appareils. C'est dans les palais, chez les princes et les grands, qu'on les tient constamment en action, c'est dans ces demeures que le public va s'informer de l'heure.

Lorsque les Européens sont arrivés à Ceylan, le roi de l'île possédait un de ces bassins troués, fait de cuivre, qu'un personnel spécial était chargé de maintenir en opération sans interruption.

Le peuple comptait encore le temps par conjecture, faisant trente parties nommées *paies* pour le jour et trente pour la nuit.

Les premières clepsydres grecques étaient de deux espèces. Dans les unes on pesait l'eau écoulée, dans les autres on se fondait sur le volume dépensé.

Les Romains avaient adopté ces dernières ; ils appelaient *spatia* le vide qui se produisait par la marche du temps dans le vase alimentateur, ils employaient cet instrument pour mesurer le temps accordé aux plaidoyers des avocats.

Mais chez les peuples d'Occident, les clepsydres avaient reçu, vers l'époque des Ptolémées, des perfectionnements qui les avaient transformées.

Ctésibius, mécanicien célèbre d'Alexandrie, avait imaginé une disposition dans laquelle l'art était allié à la science. Il faisait élever par le liquide dépensé un flotteur qui portait un personnage. Cette figurine tenait à la main une baguette, de laquelle elle touchait une colonne. Cet index, montant avec le flotteur, venait marquer successivement des chiffres différents ; et par une disposition spéciale, de la machine, la journée finie il retombait au zéro.

L'échelle ne pouvait se diviser en parties égales, puisqu'on voulait des heures temporaires. Il fallait donc graduer la colonne

CLEPSYDRE DE CTÉSIBIUS.

en intervalles de deux espèces, les uns pour le jour, les autres pour la nuit. De plus, une certaine graduation ne pouvait convenir qu'à une seule époque de l'année.

Il en fallait au moins douze, correspondant aux douze mois successifs. On établissait ces échelles côte à côte sur les différentes génératrices de la colonne; et suivant le mois où l'on se trouvait on tournait celle-ci sur elle-même, afin d'amener la graduation convenable sous l'index.

On faisait plus ; dans certains appareils la colonne tournait d'elle-même en un an, par l'action de l'eau, et venait ainsi présenter tour à tour automatiquement ses différentes échelles à la verge indicatrice, à la seule condition qu'on ne permît pas à la machine de s'arrêter.

Ces appareils compliqués étaient volumineux.

Chaque jour il fallait remplir le vase alimentateur et vider l'eau qui avait servi. En Italie on ne les connut qu'à la fin de la lutte contre Carthage , lorsque Scipion Nasica en présenta un aux Romains. Ils sont toujours restés rares.

Au triomphe de Pompée, on voyait une Clepsydre parmi les objets précieux enlevés à l'Orient.

Nous savons que César en portait toujours une avec lui ; mais il est permis de douter qu'elle eût le volume et la complication des grandes machines qui servaient à l'usage public, et qui formaient des objets d'art et de curiosité dont les possesseurs étaient fiers.

Une horloge à eau, avec ses personnages et ses allégories, donnant à l'homme la conscience des temps, était regardée comme un signe de civilisation.

Théodoric en envoyant une de ces grandes pièces au roi des Bourguignons, voulait lui montrer, disait-il, les effets de la culture intellectuelle.

C'est de son temps que fut établie l'horloge de Lyon, la plus ancienne horloge publique des Gaules.

Au siècle suivant l'horloge de Gaza faisait l'objet de l'admiration universelle.

Lorsqu'une heure était accomplie, une grande image du soleil, revêtue des insignes

royaux et portant de la main gauche le glo b
céleste, donnait le signal en étendant le bras
droit.

Une porte s'ouvrait alors , et Hercule
apparaissait pour recevoir la récompense
qu'avaient mérité ses travaux. Une série
de douze aigles d'airain étaient placés sur
une même ligne. Le héros se présentait
successivement devant autant de ces aigles
qu'il y avait d'heures à marquer. De chacun
il recevait une couronne , que l'oiseau
déposait sur sa tête en allongeant le cou.
Le nombre des couronnes donnait celui
des heures. La machine pouvait compter
de un à douze. Tous ces détails s'accom-
plissaient automatiquement.

L'Orient conserva longtemps le privilège de
ces constructions.

En 807 le calife de Perse Abdallah envoya
à Charlemagne une de ces horloges à eau
dont les historiens ont parlé avec admiration.
Les heures étaient sonnées par la chute
de boules métalliques dans des bassins
d'airain. En même temps, un cavalier, passant

par une porte qui s'ouvrait à son approche, venait se présenter à la vue, c'est le nombre des cavaliers sortis qui marquait l'heure dans laquelle on était.

Le modèle le plus monumental en ce genre était probablement l'horloge de Damas, qui existait encore au XII° siècle. C'était une grande coupole, sous laquelle on entrait, et où l'on avait une image du ciel au-dessus de la tête. Lorsqu'une heure était accomplie, un épervier de cuivre ouvrait le bec et laissait tomber une boule de métal dans un bassin retentissant. Ce bassin avait au fond une ouverture circulaire, qui permettait à la boule, après avoir frappé, de descendre dans une case inférieure et de retourner par un couloir incliné dans l'intérieur du mécanisme. De plus, on avait pourvu un système particulier pour la nuit, afin que rien n'interrompît l'usage public.

Douze lucarnes vitrées, autant qu'il y avait d'heures dans la nuit, étaient munies chacune d'une lampe. Mais ces lampes étaient d'abord cachées par des écrans.

A chaque heure accomplie , un écran disparaissait, en sorte qu'on voyait le nombre d'heures par le nombre des lucarnes éclairées.

Dans l'horloge dont le sultan d'Égypte Malek-al-Kamel fit présent en 1232 à l'empereur Frédéric II, le cours du temps était marqué par celui même des astres.

En se plaçant sous sa coupole tournante, où étaient représentées les constellations, on voyait le soleil et la lune figurés par des disques de métal, se lever et se coucher conformément à leurs mouvements réels. C'était une véritable horloge astronomique.

Mais les appareils mus par l'eau n'étaient guère de nature à passer dans les usages communs.

Réalisés en petit, avec une faible dépense de liquide , ils manquaient d'une force motrice suffisante et les frottements les dérangeaient. Cependant les particuliers éprouvaient le besoin de suivre le cours des heures.

Il y eut donc un moment, lorsque la civilisation se releva en Europe, au moyen âge, où l'on chercha des procédés de mesure d'un emploi usuel.

Dans les cloîtres, un moine, appelé *significator horarum*, comptait les prières qu'il récitait.

Pendant les veillées on se servait depuis longtemps, comme indice grossier, du déclin de l'huile dans la lampe.

Les Japonais avaient des mèches qui se consumaient lentement, et sur lesquelles une suite de nœuds marquaient des intervalles calculés pour répondre à des durées connues. Ces mèches brûlaient jour et nuit, et à chaque nœud qui disparaissait on frappait sur une cloche certains coups distinctifs.

Un procédé analogue, la consommation des bougies, s'établit en Europe.

Notre expression « jusqu'à extinction des feux » vient de l'époque où l'officier public mettait un luminaire sur la table, et accordait aux enchérisseurs tout le temps employé pour le consumer.

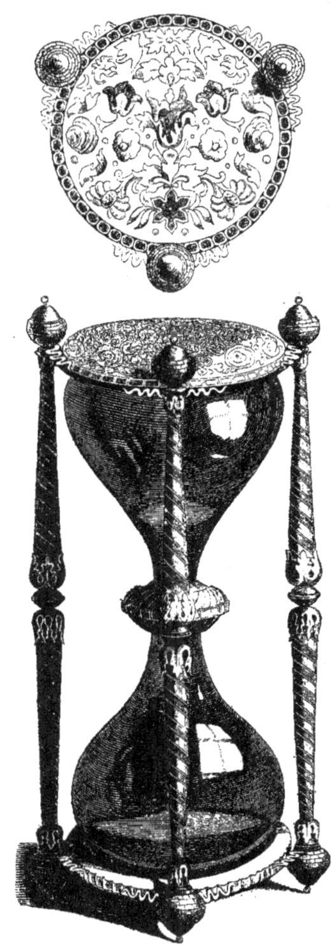

SABLIER DU XVIᵉ SIÈCLE.

On voit par un passage de Plutarque que les anciens, dans les jugements, mesuraient le temps à l'accusation et à la défense, par l'écoulement de l'eau. Mais ces moyens étaient grossiers.

On crut un moment avoir réalisé un grand progrès par l'invention des sabliers.

Ces appareils reproduisaient toujours la même durée.

Au XVe siècle on les réglait pour marcher une demi-heure : il fallait les retourner 48 fois dans un jour.

On réussit, il est vrai, en employant au lieu de sable de la poussière de plomb, à construire comme objets exceptionnels, des instruments qu'il suffisait de retourner une fois toutes les vingt-quatre heures.

Mais l'inconvénient de ces appareils était qu'ils marquaient seulement l'expiration de certaines durées, sans rien donner dans les espaces intermédiaires.

Depuis longtemps on avait essayé de pourvoir les horloges d'un moteur plus puissant que la fuite de l'eau, et l'on avait imaginé de recourir à un poids suspendu à une corde enroulée et liée à des rouages.

On attribue cette innovation à un archevêque de Vérone, nommé Pacificus, qui vivait au IX<sup>e</sup> siècle.

Mais cette allégation est fort douteuse. Ce qui est certain, c'est que Gerbert, plus tard pape sous le nom de Sylvestre II, avait construit, à la fin du siècle suivant, une de ces horloges, et que dans la première moitié du XII<sup>e</sup> siècle, ces appareils sont mentionnés dans les usages de l'abbaye de Citeaux.

Cette nouvelle combinaison présentait toutefois une difficulté.

Si le poids vainquait toutes les résistances, en revanche il était exposé à descendre trop vite, parfois brusquement. Il fallait le retenir, le modérer.

On imagina dans ce but un volant horizontal d'une masse assez forte, une barre de fer, qu'une roue d'échappement lançait d'abord dans un sens puis avait à ramener en sens contraire. C'était une sorte de balancier horizontal.

Il n'est pas bien certain que l'horloge de Gilbert possédât déjà cet organe.

Mais vers la fin du XIII° siècle les horloges à poids et à volant, disposées comme horloges publiques, se sont répandues dans toute l'Europe.

Dante, qui est mort en 1321, y fait allusion. Dès 1288, une de ces machines avait été installée à Westminster Hall. Richard Wallingfort, abbé de Saint-Alban, qui vivait en 1326, en avait fait une qui attirait l'admiration du peuple, et qui fut cause qu'il passa dans son temps pour l'inventeur de ces appareils.

Le château de Douvres en possédait une de 1348, qui n'a été démontée que récemment. Mais ce fut principalement en Italie, grâce à l'industrie de Jacques de Dondis, qu'on vit se répandre ces horloges.

Milan en avait une chez les Frères Prêcheurs en 1306, et une autre au clocher de l'église Saint-Gothard avant 1339 ; celle de Padoue datait de 1344.

L'Allemagne eut également un constructeur en renom, Henri de Vic, que le roi Charles V fit venir à Paris en 1364, pour y installer une de ces horloges au palais de justice. Elle fut montée en 1370, deux ans après l'horloge de Strasbourg.

Il y avait aussi dans la ville de Courtrai une de ces machines, dont on faisait grand cas.

Le duc de Bourgogne Philippe le Hardi réussit à la sauver du sac de cette ville par le roi de France Charles VI, et à la faire transporter à Dijon.

On imaginerait que ces horloges auraient imposé si l'on peut parler ainsi l'égalité des divisions du temps, et qu'à partir de leur mise en usage on aurait adopté des heures de même longueur pour la nuit et pour le jour. Mais ce serait compter sans les exigences des vieilles habitudes.

Les populations ne voulaient pas entendre parler de fondre le jour et la nuit dans une même durée : elles exigeaient qu'ils restassent séparés.

Force fut donc d'adapter au volant des anneaux massifs, susceptibles de glisser le long de la barre ; et en plaçant ces anneaux

JACQUEMART, DE NOTRE-DAME DE DIJON

HORLOGE DU XIVᵉ SIÈCLE, ENLEVÉE A COURTRAI, PAR PHILIPPE LE HARDI
APRÈS LA BATAILLE DE ROSBECQ

plus ou moins loin du pivot, l'inertie était modifiée et la vitesse de marche de l'horloge était changée.

Le soir, au coucher du soleil, on glissait les anneaux à la place convenable pour la vitesse de nuit, et le matin, au lever de l'astre, on les disposait pour la vitesse de jour.

L'Allemagne tint le plus longtemps à cet étrange système. Nuremberg fut probablement la dernière ville où il se maintint.

On voit par les almanachs de Regiomontanus qu'au XVe siècle toutes les annonces des phénomènes astronomiques se faisaient en heures temporaires.

On finit cependant par se lasser de ces altérations continuelles, et pour prendre un moyen terme on laissa marcher l'horloge jour et nuit de la même vitesse, mais en mettant le commencement des heures au coucher du soleil.

C'est ce qu'on appela plus tard compter l'heure à l'italienne, parce que cet usage subsista en Italie le plus longtemps.

Seulement le coucher du soleil avançait ou retardait chaque jour, suivant les saisons.

Afin de s'y tenir on ne touchait plus au volant, la différence étant trop petite d'un jour à l'autre : on se contentait de pousser l'aiguille sur le cadran, soit en avant soit en arrière. C'était ce qu'on appelait faire sauter l'heure.

Mais par négligence ou paresse on omettait souvent ce changement pendant plusieurs jours, et l'on finit par attendre que l'écart fût d'un quart d'heure.

La cloche sonnait un nombre de coups indicateurs, à l'expiration de chaque intervalle d'une heure, c'est-à-dire qu'elle donnait un coup à la fin de la première heure écoulée, deux coups à la fin de la deuxième, et ainsi de suite.

Une nouvelle heure commence, dit Labbe, au dernier coup sonné de l'heure précédente. Toutefois il eût été illusoire de pousser la précision si loin.

Au XV$^e$ siècle et même beaucoup plus tard on n'était pas d'ailleurs si exigeant. On se trouvait satisfait d'estimer la portion de temps écoulée, par l'inspection de la seule aiguille des heures : il n'y avait pas d'aiguille pour les minutes.

Du temps de Fontenelle les horloges ordinaires ne marquaient encore que les heures : celles-là seules qui étaient des instruments de précision donnaient les minutes.

On se tromperait si l'on imaginait que ces anciennes horloges mécaniques eussent la simplicité des nôtres, purement appropriées à montrer l'heure.

Elles remplaçaient les clepsydres artistiques, où le temps était en quelque sorte le sujet d'un poème et l'occasion de scènes imagées. On se crut obligé de suivre la même voie, et de faire sonner les heures par des personnages.

Souvent le coq jouait un rôle important dans la mise en scène, comme à Strasbourg et à Lyon. C'était peut-être un souvenir du temps où le chant de cet oiseau indiquait l'heure aux sociétés primitives.

D'autres fois on avait recours aux apôtres, qui sont au nombre de douze comme les heures. A Padoue, l'horloge Dondis avait un caractère spécialement astronomique, et montrait le cours du soleil et des planètes. Mais le chef-d'œuvre mécanique était l'horloge de Strasbourg, construite par Dasypodius.

Toutefois ces grandes dimensions et tout cet encombrement accessoire disparurent peu à peu. On en vint à des constructions plus sobres, qui prétendaient uniquement à donner l'heure et à la donner avec une certaine précision. Tellement qu'il arriva un moment où ces appareils parurent être utilement employés dans la science.

Walther de Nurenberg fut le premier qui s'en servit, en 1484, dans les observations astronomiques.

Tycho Brahé les employait pareillement ; il en avait plusieurs afin de contrôler leur marche.

Mais on avait beau mettre à la construction de ces horloges les plus grands soins, on n'arrivait pas à la précision que donnait l'observation directe du ciel, c'est-à-dire de la hauteur des astres.

A cette époque, en effet, on « prenait hauteur, » suivant l'expression technique, à l'aide de l'astrolabe, avec un degré d'exactitude qui permettait de conclure l'heure à moins d'une minute.

Chaque fois qu'il se présentait une observation importante, une éclipse par exemple, tandis que l'astronome guettait le phénomène, un aide prenait des hauteurs du soleil ou des étoiles, et l'on avait ainsi des instants, des points dans la durée, déterminés avec précision.

ASTROLABE.

C'était encore ainsi que Boulliau et Gassendi opéraient. La difficulté consistait, après avoir obtenu l'heure, à la conserver.

On la connaissait pour les instants où l'on avait pris hauteur; mais dans les intervalles aucun appareil ne permettait de la suivre avec la précision que comportait le point de départ.

De plus, les horloges à poids et à volant n'étaient pas portatives. On songea donc à substituer au poids moteur un ressort d'acier trempé, qui agissait dans toutes les situations.

Dans le dernier tiers du XV$^e$ siècle on commença à fabriquer de ces petits appareils, qui furent l'origine de nos montres. On ignore quel en a été l'inventeur.

Un poète italien les mentionne dans un de ses sonnets publiés en 1493.

Peter Hela, de Nurenberg, acquit bientôt dans cette fabrication une renommée universelle.

On était dans les premières années du XVI⁰ siècle. Les horloges de poche qu'il construisait avaient reçu, d'après leur forme et le lieu de leur provenance, le nom d'œufs de Nurenberg ; les roues étaient en acier.

Il semble que l'on visàt à la réduction la plus complète possible des dimensions. Plus l'objet était petit, plus il avait de prix.

On prétend qu'en 1542 le duc Urbino della Rovere reçut en présent une montre à sonnerie enchâssée dans une bague, et qu'en 1575 Parker, archevêque de Cantorbery, légua à son frère Richard une canne en bois des Indes, qui avait une montre incrustée dans la pomme.

Ces premières montres n'avaient aussi qu'une seule aiguille, celle des heures, et ne marquaient pas les minutes. Leur marche était trop peu sûre pour qu'on osàt se risquer à diviser l'heure en soixantièmes.

En effet, la détente du ressort n'était modérée que par les frottements et le volant. Les constructeurs s'évertuèrent cependant à y mettre des soins infinis, et ils avaient réussi dans une certaine mesure.

Les navigateurs commençaient à emporter des montres dans leurs voyages, depuis que Barentsz en avait donné l'exemple en 1596.

Peu de temps après, en 1615, Peter Krüger allait avec une montre de Königsberg à Danztig, pour tenter par le transport du temps la première détermination d'une longitude.

Pourtant, au milieu du XVIIe siècle, on ne pouvait pas encore répondre, avec les meilleurs de ces instruments de 4 minutes par jour.

Mais on était à la veille de trouver un modérateur qui devait donner à ces machines une précision de plus en plus grande, jusqu'à en faire nos remarquables chronomètres modernes.

Ce progrès fut réalisé par le savant et ingénieux Robert Hooke, qui en avait eu l'idée en 1658, et qui le mit à exécution en 1674. Son moyen consistait à atteler le volant ou balancier à un ressort spiral,

HORLOGE DU XVIᵉ SIÈCLE.

dont l'action par l'effet de l'échappement était alternative.

L'horloger français Jean de Hautefeuille et le célèbre Huygens étaient arrivés après Hooke, et avant que celui-ci eut rien rendu public, à une invention toute semblable.

Dès ce moment les montres portatives marquèrent les minutes avec une certaine exactitude.

Plus tard même, grâce aux perfectionnements de l'échappement et à la compensation pour les températures, on se hasarda à mettre une aiguille à secondes.

Aujourd'hui les chronomètres ont une marche assez sûre pour permettre aux navires de traverser l'un ou l'autre océan, sans recourir aux longitudes astronomiques.

Mais en même temps que l'application du spiral aux montres ouvrait le chemin pour faire de ces petites machines des appareils de précision, les horloges fixes recevaient un perfectionnement qui devait porter cette précision à un plus haut degré encore.

Déjà à la fin du X$^e$ siècle, Hu Younis, astronome du Caire, avait remarqué qu'un poids suspendu à un cordon donne, par ses oscillations, la mesure d'intervalles très sensiblement égaux.

Lors même qu'à la suite du temps l'amplitude du mouvement diminue, la durée des oscillations n'est pas pratiquement altérée : la diminution de vitesse compense la diminution d'espace parcouru. Il y avait donc, dans les oscillations d'une pendule, un moyen de compter de petites unités de temps, toutes sensiblement égales entre elles, dont le nombre pouvait servir de mesure très exacte de la durée.

En prenant hauteur, c'est-à-dire au moment où l'on déterminait l'heure d'après le soleil ou les étoiles, on commençait à compter les oscillations de ce poids suspendu.

On notait le chiffre auquel les oscillations étaient arrivées à l'instant de chaque phénomène dont on voulait fixer l'heure, et enfin le nombre total accompli lors d'une seconde prise de hauteur, la prise finale.

Toutes les oscillations étant supposées égales entre elles, il est clair qu'il suffisait de diviser proportionnellement à leur nombre l'intervalle connu, compris entre les deux hauteurs, pour trouver le moment précis de chaque observation. C'était une subdivision du temps par des unités minuscules.

En effet, dans les conditions pratiques, les oscillations étaient nécessairement courtes. De plus elles diminuaient peu à peu d'amplitude, et au lieu de se faire dans un plan, il arrivait alors qu'elles prenaient une figure conique qui rendait plus difficile de les compter. Mais on parait à cet inconvénient en suspendant le poids à une corde double, comme une balançoire.

S'il était vrai que ce poids tendait assez rapidement à s'arrêter, on pouvait cependant rendre de l'amplitude aux oscillations, par une nouvelle impulsion donnée à l'extrémité de la course.

La difficulté principale était de tenir, sans se tromper, le compte exact de ces petits mouvements, pendant une ou plusieurs heures.

Les nombres devenaient très grands, et l'attention d'ailleurs se fatiguait rapidement.

Frappé de cet inconvénient, qui s'était opposé jusque-là à ce que cette méthode se répandît parmi les astronomes, le médecin italien Santorio, en latin Sanctorius, imagina, en 1612, de faire compter les oscillations par l'appareil même.

Il mit au poids une tige métallique au lieu de fil, et fit avancer un index d'une division à chaque passage de cette tige.

Seulement il fallait encore rendre de la vitesse à l'instrument chaque fois qu'il était près de s'arrêter.

La force nécessaire pour faire marcher l'index et les rouages qui en dépendaient, ôtait de la régularité au mouvement, et réduisait plus tôt l'appareil au repos.

Toutefois la mesure des intervalles par la reproduction d'un élément de durée toujours le même avait quelque chose de si séduisant, que Galilée, qui s'était beaucoup occupé du pendule, entreprit à son tour, dans sa vieillesse, de se servir

L'HORLOGE DE LA CATHÉDRALE D'ANVERS.

des oscillations de cet instrument pour mesurer le cours du temps.

Il reprit les essais de Sanctorius, imagina une combinaison dans laquelle le pendule était aussi peu influencé que possible, et en 1649 son fils Vicenzo, sur les indications qu'il avait laissées, construisit le modèle de son « numeratore del tempo » ou compteur du temps, qui est encore au musée de Florence.

Mais quelque habileté qu'on mit dans la construction de ces compteurs, leur grand défaut était que l'appareil n'avait pas de principe de continuité en lui-même.

Si la surveillance n'était pas incessante il s'arrêtait forcément. Aussi restait-il un jouet scientifique plutôt qu'un instrument.

Ce fut le triomphe de Huygens d'assurer le maintien de la marche, en se servant de l'échappement même pour rendre au pendule, à chaque oscillation, la quantité minime d'énergie qu'il avait perdue.

L'illustre savant décrivit cette disposition dans un écrit de quelques pages de 1685, quinze ans avant la publication de son grand ouvrage sur le pendule, et cet écrit fait justice des réclamations élevées plus tard contre ses droits d'inventeur.

Par la continuité donnée à la marche des horloges à pendule, on fut à même, pour la première fois, de conserver avec une grande exactitude et dans des conditions pratiques l'heure qu'on avait prise au ciel.

Il ne s'agissait plus de points éloignés dans la durée, reliés entre eux d'une manière plus ou moins incertaine ; l'heure une fois prise était conservée.

L'homme en avait enfin fait la conquête.

Il n'y avait plus un instant dans la journée ou dans la nuit qui ne fût fixé avec précision.

Aussi l'enthousiasme fut-il grand à cette acquisition, qui nous donnait une conscience plus nette et ininterrompue de notre vie.

On peut en juger encore aujourd'hui par les témoignages d'admiration conservés au musée de Leyde, qui avaient été adressés à Huygens par tous les hommes éminents de son temps et pour ainsi dire de toutes les parties de la terre.

L'horloge continue à pendule fut adoptée par Helvetius, dans les observations astronomiques : elle conservait l'heure, à l'origine, au tiers de minute.

Mais par les perfectionnements qu'elle a reçus dans les détails, sa précision se mesure aujourd'hui à la seconde.

L'heure part désormais des observatoires, et par le moyen de fils électriques se distribue, exacte et uniforme, non seulement dans toute la cité, mais dans une contrée entière.

C'est à Munich, en 1839, que Steinheil fit pour la première fois mouvoir les aiguilles des cadrans par l'électricité.

Malgré la précision atteinte déjà, dans la marche des horloges à pendule, pendant le XVIIIe siècle, le temps uniforme n'avait pas pu passer encore des observatoires dans les usages communs.

L'Italie continuait à faire sauter l'heure au coucher du soleil.

Cette coutume subsiste même jusqu'à ce jour en Calabre. Dans tout le reste de l'Europe, on faisait sauter l'heure à midi.

Le saut était moins grand, parce que l'inégalité de vitesse du soleil, dans les différents mois de l'année, produit des effets beaucoup moindres que les changements de hauteur de l'astre sur l'horizon.

Il n'en fallait pas moins toucher sans cesse aux horloges les plus uniformes, tantôt pour en avancer les aiguilles, tantôt pour les reculer.

C'est ce qu'on appelait tenir l'horloge sur le soleil. Mais cette intervention journalière du pouce était si assujétissante qu'on demanda aux mécaniciens des appareils pour l'opérer automatiquement.

On vit alors paraître les pendules à équations, dans lesquelles une pièce, façonnée suivant une courbe déterminée, qui représentait le cours des altérations d'une année, soulevait ou rabaissait le point de suspension du pendule, de manière à rendre la vitesse variable suivant les saisons.

PARIS.

Jamais l'ingénuité humaine ne s'était dépensée pour un objet aussi irrationnel et peu méritoire.

Il est vrai qu'une habitude séculaire était en jeu, et les habitudes ne raisonnent pas, elles exigent.

Le célébre horloger Lépaute exécuta sur commande en 1880, pour la ville de Paris, un de ces instruments dont le pendule changeait de longueur par un mouvement automatique et que l'on venait admirer de toutes les capitales.

A l'exposition de Paris de 1806, une pendule à équation fut encore l'objet d'une des distinctions accordées. ·

L'esprit indépendant des Genevois les avait portés cependant à se demander quel avantage il y avait à changer de jour en jour, ne fût-ce que d'une petite quantité, la vitesse des horloges et par conséquent la longueur des heures.

Pourquoi ne pas conserver la même vitesse toute l'année ?

GENÈVE.

Pourquoi ne pas faire d'une heure une unité fixe et déterminée, que l'on pourrait retrouver partout et toujours, comme on fait d'une unité de longueur ou de volume?

Et le 1ᵉʳ janvier de l'an de grâce 1780, plus d'un siècle après l'application du pendule par Huygens, les horloges publiques de Genève donnèrent pour la première fois à la communauté un temps uniforme et qui ne sautait plns.

C'était une plus grande révolution que nous ne pouvons nous le figurer aujourd'hui.

Il y avait parfois entre ce temps uniforme, qu'on appelle le temps moyen; et le temps vulgaire ou du soleil, une différence d'un quart d'heure.

Les populations se faisaient de cet écart un épouvantail dont nous sommes forcés de sourire.

Le midi du soleil ou milieu du jour ne tombera plus, disait-on, sur 12 heures de l'horloge. Les hommes de métier, les journaliers, seront déroutés dans leurs travaux. La matinée sera tantôt plus longue et tantôt plus courte que l'après-dînée.

Les boulangers, trompés par les horloges, ne seront plus prêts à l'heure, et les populations manqueront de pain. Je n'exagère rien.

N'est-ce pas là d'ailleurs l'histoire de toutes les réformes ? Et que valaient ces craintes ?

Nous avons aujourd'hui le temps moyen, sans que l'immense majorité de nos contemporains aient la moindre notion qu'on en ait jamais suivi un outre ?

Cependant la simplicité du temps uniforme était quelque chose de si frappant que l'idée des Genévois fit son chemin. Londres cessa en 1792 de faire sauter l'heure, et adopta le temps égal. Mais le continent fut plus rebelle.

Berlin ne renonça à l'altération journalière de ses horloges qu'en 1810, et Paris en 1816. L'Angleterre donna aussi l'exemple d'éclairer les horloges publiques.

Ce fut un petit événement lorsqu'en 1826 l'église de Saint Bride, dans Fleet Street, à Londres, parut le soir avec le cadran illuminé par une lampe.

Ce que nous avons gagné au bout de quatre mille ans ou même davantage, c'est donc d'avoir des heures égales entre le jour et la nuit ; c'est ensuite d'avoir des heures d'une longueur absolument identique pendant tous les jours de l'année.

Mais ce qui nous reste des temps primitifs c'est la partition duodécimale du cadran et la subdivision de l'heure en soixantièmes, qui sont des intrus dans notre arithmétique.

C'est la double série, deux fois douze, pour une même période diurne, dont le sens a disparu depuis qu'il n'y a plus qu'une seule espèce d'heures ; c'est l'absence de système dans les rapports entre les heures marquées simultanément dans les différentes contrées.

Car si l'heure ne saute plus dans l'étendue d'un même pays, elle saute encore en passant les frontières. Ce qui a été fait n'est donc en définitive que peu de chose au prix de ce qui reste à faire.

Aussi ne pouvons-nous pas espérer de voir ces réformes s'achever de notre temps.

TUILERIES.

L'essai que Laplace avait tenté, à la fin du siècle dernier, pour appliquer aux horloges une division en dix heures, resta sans écho, et le cadran exposé aux Tuileries qui servait de modèle à ce système, fut retiré au bout de quelque temps.

Il est vrai qu'aujourd'hui les exigences toujours croissantes des chemins de fer, et l'on peut ajouter des télégraphes, nous poussent en avant ; mais c'est seulement dans une voie spéciale.

Ainsi une réforme qui s'impose est le compte des heures de 1 à 24 au lieu de deux fois douze. Il résulte non seulement des inconvénients mais des dangers de la confusion possible, dans les ordres subits, entre les heures du matin et les heures du soir.

Les livrets même de chemins de fer sont peu clairs, pour les grandes distances, par suite de l'attention à apporter à cette distinction. Il ne serait pas plus difficile de compter 13 heures, pour l'heure qui suit midi, que de recommencer un nouveau compte.

Tout le monde sait que 13 vient après 12. Il n'y a rien de neuf à apprendre. Que quelques grandes administrations de chemins de fer aient le courage d'introduire cette numération dans leurs indicateurs, comme elles l'ont déjà fait dans leurs ordres de service, et le public suivra.

Quant au retour à la numération décimale et à la régularisation des heures entre les différents pays, on sera sans doute plus longtemps sans y parvenir. En parler ici serait pure utopie.

On voit ce qu'il a fallu de temps et de tâtonnement pour arriver au simple principe de l'heure uniforme, quel travail de propagande il a fallu, de la part des astronomes et des hommes professionnels, pour forcer, c'est bien le mot, les administrations et les populations à la jouissance de cet avantage.

Qu'arriverait-il cependant si personne ne consacrait ses efforts à pareilles réformes ? Jamais aucune simplification, jamais aucun progrès ne serait possible.

C'est donc aux hommes éclairés, accessibles à des idées justes et pratiques, à lutter contre les entraves des habitudes et des préjugés.

BRUGES.

POURQUOI

# LES CADRANS DE NOS HORLOGES

SONT-ILS DIVISÉS EN DOUZE?

Tandis que notre arithmétique est décimale, et que nous comptons par dizaines, centaines et mille tous les objets dont nous avons à dire le nombre, une exception fort remarquable se présente lorsqu'il s'agit de l'heure. Au lieu de compter par dix, nous comptons ici par douze, et [au lieu de mettre cent minutes dans une heure, nous en mettons seulement soixante, et soixante secondes dans une minute.

G

MALINES. — ANCIENNES MAISONS.

Un archéologue soupçonnerait immédiatement que la division du temps ne nous vient pas de la même source ethnographique que notre arithmétique décimale. Il serait porté à croire que la civilisation à laquelle nous appartenons l'a empruntée à une autre civilisation. Il dirait même à une civilisation alors plus avancée que celle dont nous sommes les héritiers, mais d'un autre côté bien arriérée sur le développement de notre dix-neuvième siècle.

En tout cela l'archéologue aurait raison. Ses doutes se trouveraient vérifiés par les données historiques recueillies, depuis vingt ou trente ans, sur les anciennes sociétés de l'Asie occidentale et sur leurs usages.

Le compte des heures par douze, et de leurs subdivisions par soixante, a été commencé par les Accadiens, vivant dans les contrées de la Mésopotamie, il y a maintenant plus de quarante siècles.

Il a été adopté en Grèce dans un temps où la population de ce pays, qui comptait simplement par dizaines, parce qu'elle comptait sur les doigts, était encore tout à fait barbare.

Depuis cette manière primitive de compter les heures est restée, c'est une chose curieuse que cette persistance avec laquelle les usages établis se perpétuent, et avec quelle ténacité ils se conservent dans leurs anomalies et leurs imperfections.

Il n'a pas été aussi difficile d'habituer nos populations à se servir des chemins de fer, parce que c'était une entière innovation.

Mais si l'on proposait de compter dix heures dans un jour complet (le jour et la nuit) au lieu de ce nombre vingt-quatre qui n'est pas de notre arithmétique, une réclamation immense s'élèverait de toutes parts. Le peuple serait plus confondu, ses idées seraient plus brouillées par ce simple changement d'échelle, que par le passage d'une monarchie à une république.

Qu'on mette seulement sur nos cadrans cinquante minutes dans une heure au lieu de soixante , et la moitié des personnes qui vivent aujourd'hui mourront sans avoir pu se reconnaître dans ce nouvel arrangement.

MEMNON ET AMENOPHIS.
AU MILIEU D'UNE INONDATION DU NIL.

C'est ce qui est arrivé pour plusieurs mesures, entr'autres, pour l'aune mesure de longueur, la livre mesure de poids ; et les mesures de capacité.

C'est pourquoi les usages sont si respectés par les gouvernants, qui devraient cependant les améliorer ; ils ont souvent l'intelligence nécessaire pour entrevoir des réformes salutaires. Mais ils savent quelles difficultés ils rencontreraient à les introduire. Alors ils se disent : tant pis pour ces êtres d'habitude, qui ne sont pas propres à bouger de place. Si l'usage est mauvais, qu'ils en souffrent : nous n'irons pas risquer nos places et prendre de la peine pour leur faire du bien malgré eux.

L'initiative, dans la société doit venir d'en bas : il n'y a guère à l'attendre d'en haut.

Pour en revenir à nos horloges, antiques témoins, comme les pyramides d'Égypte, d'un état de choses vieux de quarante siècles, nous savons aujourd'hui pourquoi on en avait divisé le cadran en douze.

On avait remarqué qu'il y avait environ douze lunaisons dans l'année , et l'on partageait en conséquence la route du Soleil, à la circonférence de la sphère céleste, en douze étapes ou maisons, dans chacune desquelles cet astre se retrouvait avec la Lune.

La nuit, on apercevait celles de ces divisions célestes dont le Soleil était éloigné en ce moment , et on en remarquait les étoiles principales.

On avait formé, par ces observations, dans l'étendue entière de la zone zodiacale, douze constellations , dans chacune desquelles on prenait pour chef ou conducteurs une étoile déterminée , étoile dont le lever donnait le commencement de l'heure correspondante.

Avant l'époque où furent inventées les horloges mécaniques , on guettait, la nuit, le lever des étoiles indicatrices, et le veilleur, aussitôt qu'il en voyait une se lever, criait l'heure.

On trouva même que des intervalles d'un douzième de la période diurne étaient un peu longs. On les coupa en deux et l'on posséda

RUINES DE THÈBES.

ainsi, d'une part, ce qu'on appela les heures doubles, qui étaient au nombre de douze et d'autre part, les heures simples, dont il y eut vingt-quatre.

L'usage de celles-ci se répandit bientôt, et ce sont celles que nous avons conservées.

On s'en servait non seulement à Ninive et à Babylone, mais en Égypte.

La figure astronomique du treizième siècle avant notre ère, sculptée au plafond d'un tombeau royal égyptien, indique, pour toute la durée d'une nuit, les douze étoiles dont l'apparition à l'horizon de Thèbes, marque les instants initiaux des douze heures simples, depuis le crépuscule du soir jusqu'à l'aurore.

On voit donc clairement de quelle manière cette division duodécimale commença.

Elle s'étendait, dans une haute antiquité, à la Chaldée et à l'Égypte. Elle fut adoptée par les Grecs, qui la communiquèrent aux Romains, que nous avons imités. Mais elle était particulière à ce foyer de civilisation, et n'a jamais eu de caractère universel. C'était la création d'un peuple observateur et avancé

MANDARINS CHINOIS.

mais non une création naturelle, forcée pour
ainsi dire, comme est l'arithmétique décimale,
laquelle est née partout, par la raison que
partout l'homme a dix doigts.

Les Chinois, plus logiques sans doute,
comptaient dix heures où les Accadiens
en comptaient douze.

D'autres peuples de l'extrémité orientale
de l'Asie divisaient la période diurne en une
soixantaine de parties.

Les Mexicains fractionnaient le jour en huit
et les Mayans en seize. On voit qu'il y avait
autant de systèmes qu'il y avait eu d'origines
distinctes.

Lorsque les Accadiens eurent créé la division
en douze heures, ils reconnurent que le nombre
douze est, comme base de l'arithmétique,
préférable au nombre dix. Ce dernier, en effet,
n'est exactement divisible que par 2 et par 5,
tandis que 12 peut être coupé exactement
en 2, en 3, en 4 et en 6, ce qui lui donne une
grande supériorité pratique pour servir de
mesure.

Les Scandinaves avaient fait la même remarque, et comptaient non par dizaines, mais par douzaines.

Dans certaines provinces de la Suède il reste des traces fort apparentes de cet usage, qu'il a fallu abandonner lorsque notre écriture et notre arithmétique se sont introduites. Mais le peuple compte encore par groupes de 12, et par groupes de 12 fois 12 ou 144. Il appelle aujourd'hui les premiers de grandes dizaines, par opposition aux petites dizaines qui sont de 10, et les seconds de grandes centaines, par opposition aux petites qui sont de 100.

L'arithmétique à base douze est plus savante que celle à base dix, qui est la naturelle et la primitive. Elle atteste un développement intellectuel supérieur à celui du sauvage, qui ne va pas plus loin que ses dix doigts, ou parfois ses dix doigts augmentés de ses dix orteils.

Les bases 5, 10 et 20, toutes multiples de 5, sont les premières qu'on rencontre chez tous les peuples; elles finissent bientôt par se

confondre dans la base 10, qui fut bien
certainement le premier module arithmétique,
en Chaldée comme ailleurs.

Lorsqu'on eut institué une division du
temps en 12 heures, et qu'on eut reconnu
les avantages de la base 12, on voulut combiner
les deux systèmes.

C'est alors que fut imaginée la subdivision
sexagésimale ou par soixantièmes, le nombre 60
contenant à la fois 12 et 10.

Il est, dans la série numérique, le premier
des nombres qui renferment à la fois ces deux
diviseurs.

On fut si enthousiasmé de cette idée, que
la subdivision sexagésimale fut appliquée
à tout.

Toutes les unités de poids, de longueur,
de capacité, de Babylone et de Ninive,
se divisaient en minutes ou primes dont il y
avait 60 dans l'unité principale, la prime
se partageait en 60 secondes, la seconde en 60
tierces, la tierce en 60 quartes et ainsi
indéfiniment. C'était un système complet et
parfait dans sa nature.

Tout cela nous a été transmis ; tout cela nous reste dans la manière de compter le temps.

Les peuples qui communiquaient un pareil système à la Grèce barbare étaient beaucoup plus avancés qu'elle.

Aujourd'hui nous avons dépassé les Accadiens d'il y a quarante siècles, et le maintien de leur compte des heures, des minutes et des secondes n'est plus qu'une disparate, un anachronisme, et par rapport à nos données scientifiques, un caractère d'infériorité.

D'abord n'est-ce pas un défaut pour nos cadrans d'avoir à marquer deux fois douze heures pour faire une période complète ?

L'unité, c'est la période diurne, la rotation du globe, de midi à midi ou de minuit à minuit. Il est parfaitement illogique d'en faire avant tout deux moitiés et de recommencer à compter dans chacune d'elles. A cela seul on pourrait deviner que notre division du temps remonte à une époque où l'on devait recourir à des moyens distincts, pour déterminer l'heure pendant le jour, et pour la connaître pendant la nuit.

Ce soupçon serait fondé. Les anciens peuples astronomes, auxquels nous devons le principe de nos cadrans, avaient à trouver l'heure la nuit par les étoiles, et le jour par le Soleil. Les procédés étaient entièrement différents.

La nuit, il fallait que le veilleur guettât le lever des étoiles démarcatrices, non seulement un beau ciel, mais un ciel bien pur, exempt de brumes jusqu'à l'horizon, tel qu'on en trouve seulement dans les zones surtempérées ou sous les tropiques.

Pendant le jour, au contraire, il s'agissait de suivre le mouvement de l'ombre du gnomon.

C'était une surveillance toute différente, qui était faite par un autre personnel.

Le veilleur de jour et le veilleur de nuit appartenaient pour ainsi dire à deux professions distinctes, qui ne se rencontraient qu'au moment de se relever de la garde.

De là les heures de nuit se trouvèrent parfaitement tranchées des heures de jour.

On commençait à compter les premières au coucher du Soleil, et l'on en nombrait douze.

QUARTIER CHINOIS, A SAN-FRANCISCO.

Au lever du Soleil commençaient les heures de jour , on y nombrait douze également. Voilà pourquoi nos aiguilles des heures font encore maintenant, sur le cadran, deux tours au lieu d'un seul, dans l'intervalle d'une période diurne, ou comme disaient les Grecs, d'un nychthémère (le jour et la nuit).

Le double tour du cadran nous vient donc de l'époque où l'on n'avait pas encore d'horloges mécaniques, pas même d'horloges à eau, où le cadran du ciel était le seul que l'on pût consulter.

Or, le cadran céleste était double : celui des étoiles pendant la nuit et celui du Soleil pendant le jour.

Nos horloges portent ainsi sur la face un souvenir qui nous reporte à une période bien primitive de la civilisation. C'est un trait d'enfance, qui non seulement n'a plus sa raison d'être, mais qui serait une véritable gêne aujourd'hui.

Quelle simplicité n'y aurait-il pas à compter les heures d'un jour au lendemain d'une manière continue ?

MELBOURNE.

Dans l'état actuel, il nous faut distinguer avec peine entre les heures avant midi et celles après-midi.

Lorsque nous recevons un télégramme d'une ville éloignée, de San-Francisco ou de Melbourne, où l'heure locale diffère considérablement de la nôtre, nous avons toutes les peines à comprendre si ce télégramme est parti avant ou après tel autre que nous avons envoyé.

Dans nos livrets de chemins de fer, pour les communications à grandes distances, quand il s'agit de l'arrivée d'un train parti la veille ou l'avant-veille, il nous est souvent difficile de dire si le chiffre marqué représente une heure de la matinée ou une heure du soir.

Dans certains pays on a inventé un système de lignes fort épaisses pour distinguer dans les indicateurs les heures dites de nuit (qu'on prend hypothétiquement de six heures du soir à six heures du matin).

Mais il faut une certaine attention pour suivre cette distinction, parce que l'on est un peu dérouté, dans les voyages d'été, d'apercevoir la bande noire, qui indique la nuit commencer dès 6 heures du soir et se prolonger dans le grand jour jusqu'à 6 heures du matin.

Puisque notre nychthémère se compose de deux périodes de douze heures, il serait évidemment plus logique d'imprimer ces deux séries d'heures en deux couleurs différentes, en noir par exemple pour les heures de minuit à midi, et en rouge pour celles de midi à minuit. Mais ce qui serait encore beaucoup plus simple, ce serait de continuer à compter au delà de douze, après midi, et d'aller ainsi jusqu'à vingt-quatre heures pour le minuit suivant. Alors il n'y aurait plus de confusion possible.

Dans le service des chemins de fer, et notamment celui des trains spéciaux, dont les heures ne sont jamais prévues sur la ligne avant l'avis qui les annonce, le compte de un à vingt-quatre serait d'une grande utilité, et pourrait éviter des confusions parfois pleines de dangers.

Aussi est-ce probablement la première réforme qui s'introduira dans le compte des heures.

Les administrations de chemins de fer ont intérêt à en prendre l'initiative.

Si les indicateurs comptaient d'une manière continue 13, 14, 15 et ainsi de suite, après midi, le public s'habituerait très vite et très aisément à cette méthode.

Nous savons tous qu'après 12 vient 13 et qu'après 13 vient 14 : il n'y a là rien de bien nouveau.

Au village de Worsley, près de Manchester, en Angleterre, il y a une horloge de clocher qui, depuis plus d'un siècle, sonne 13 coups à ce que nous appelons une heure après-midi.

Trouverions-nous dans pareil changement quelque chose de nature à nous dérouter ? Ne serait-ce pas au contraire plus simple et plus logique ?

Malgré tout ce que nos horloges conservent de vestiges d'une antiquité de quarante siècles, il faut cependant reconnaître que certains progrès se sont déjà réalisés, dans la manière de compter le temps, et l'on peut en conclure qu'il ne faut pas regarder d'autres progrès ultérieurs comme entièrement irréalisables.

Ainsi, à l'époque où le peuple anté-historique des Accadiens formait les douze heures, les divisions de la nuit n'étaient pas égales à celles du jour.

Nous avons dit qu'on faisait commencer les premières au coucher du Soleil, pour finir au lever de cet astre. Or, toutes les nuits ne sont pas de la même durée : celles d'hiver sont plus longues que celles d'été.

Sous les basses latitudes de la Chaldée, les différences sont loin d'être aussi marquées qu'en Belgique.

Les heures ne variaient donc pas énormément suivant les saisons.

Mais quand, au moyen âge, le nord de l'Europe prit, avec la civilisation romaine, l'usage de ces heures variant de longueur, on eut, dans les nuits d'été, des heures presque deux fois plus courtes que les heures nocturnes de l'hiver ; et en même temps les heures de jour de l'été étaient à peu près deux fois plus longues que les heures de jour de l'hiver.

On nommait ces heures des « heures temporaires », et pendant toute l'antiquité, le moyen âge, la renaissance, jusqu'au XVI° siècle, le vulgaire n'en connaissait pas d'autres.

Les heures de la nuit n'étaient égales à celles du jour qu'au moment des équinoxes. En tout autre temps elles différaient de durée.

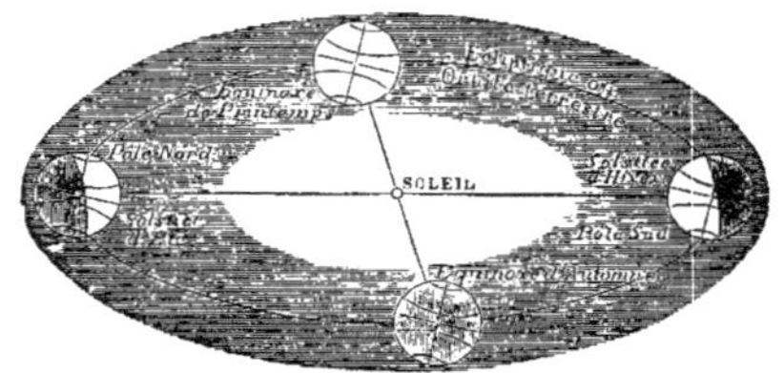


ÉQUINOXES.

Tantôt c'étaient les heures nocturnes qui étaient plus longues que celles de jour, et tantôt les heures de jour qui étaient plus longues que celles de nuit.

On les faisait changer de durée avec les saisons. Du lever au coucher du Soleil, il fallait toujours qu'il y en eût douze, et douze aussi du coucher de l'astre jusqu'à son retour le lendemain sur l'horizon.

Le compte partait du lever du Soleil
et de son coucher, et non point de midi
et de minuit comme nous le faisons aujour-
d'hui.

L'Italie est restée la dernière contrée
où cet usage a subsisté. Jusqu'au commencement du siècle présent, les heures y ont
été comptées du coucher du Soleil. Cette
manière s'appelait compter les heures à
l'italienne.

On trouve encore, dans les guides d'Italie
de Baedeker, la correspondance de ce système
avec le nôtre, tant les mauvaises choses
ont de ténacité.

Nous disons les mauvaises choses. En effet,
pour partir chaque jour du coucher du Soleil,
qui se déplace sans cesse, il fallait toucher
journellement à l'horloge.

Quelque régulière que fût la marche de
l'appareil, force était de donner le coup
de pouce de jour en jour, puisque le coucher
du Soleil changeait d'heure, et qu'il changeait
d'une manière inégale, tantôt en avançant,
tantôt en reculant.

En outre, il n'y avait plus de continuité dans le temps, puisqu'il y avait un saut chaque soir, tantôt en avant tantôt en arrière.

Il est vrai qu'à cette époque les horloges n'avaient pas la précision ni la régularité de marche qu'on a su leur donner aujourd'hui.

Ce système, qui rappelait si directement l'époque prodigieusement ancienne où l'heure était donnée, la nuit et le jour, de deux manières différentes, était simplement absurde lorsqu'on possédait des horloges dont le principe était l'uniformité de vitesse.

Mais il ne faut pas croire que l'Italie fût seule à faire sauter l'heure de jour en jour. Dans tout le reste de l'Europe, on la faisait sauter chaque jour à midi, à l'instant du passage du Soleil au méridien.

On ne se guidait pas d'après le coucher de l'astre, mais d'après sa culmination, ce qui empêchait également d'avoir un temps réellement uniforme.

Les jours (le jour et la nuit réunis) n'étaient pas tous égaux entre eux, puisque, dans certains moments de l'année le Soleil s'accélère, et que dans d'autres il se ralentit.

Après avoir remis les aiguilles un certain jour à midi, on trouvait, avec l'horloge la plus parfaite, que le lendemain, au midi solaire, il fallait les avancer ou les reculer, suivant l'époque de l'année. On touchait donc sans cesse aux horloges : en fait, il fallait y toucher chaque jour ; et il ne pouvait être question alors de s'en rapporter à des régulateurs, quelque parfaits qu'ils fussent, puisqu'on était obligé de changer chaque jour le midi.

Les Genevois furent les premiers à se demander si cet usage était bien logique.

L'exemple de Genève fut imité, peu de temps après, à Berlin puis à Londres. Mais à Paris, la restauration des Bourbons trouva encore l'ancien système aux Tuileries.

Chaque jour on avançait ou l'on reculait les aiguilles sur le cadran, pour les tenir, comme on disait, avec le Soleil.

Lorsqu'on proposa au préfet de la Seine, M. de Chabrol, de laisser enfin les horloges marcher uniformément, de n'avoir plus qu'un seul temps toute l'année, ce magistrat éprouva une grande hésitation. Il s'éleva toute une polémique.

Il y a toujours des personnes qui ne voient de salut que dans ce qui est vieux.

Quoi, s'écria-t-on, le midi des horloges ne tomberait plus rigoureusement au milieu du jour ?

La matinée serait parfois plus longue que la soirée, et la soirée tantôt plus longue que la matinée, et la différence pourrait s'élever à un quart d'heure !

Mais l'ouvrier n'aurait plus de guide dans son travail, le boulanger ne serait plus prêt à l'heure, et les populations se trouveraient en danger de manquer de pain !

Je n'exagère pas ; tout cela est écrit, et n'a rien d'étrange pour celui qui a lu la fameuse enquête d'Angleterre sur la possibilité de faire des chemins de fer.

Il n'y a pas d'application scientifique nouvelle dont on n'ait dit qu'elle empêcherait les coqs de chanter et les vaches de manger dans les pâturages. C'est phénoménal, mais c'est de l'histoire : c'est la voie de l'esprit humain.

L'opposition de Paris à l'introduction du temps uniforme, du temps moyen, est aussi de l'histoire.

Les autorités ne consentirent à cette fameuse réforme que sur un avis formel du Bureau des Longitudes , rassurant les Parisiens sur la cuisson de leur pain.

Pour nous qui ne connaissons que le temps uniforme , et qui serions fort embarrassés d'atteindre les trains de chemins de fer si les horloges des gares sautaient l'heure chaque soir ou chaque midi, tantôt en avant tantôt en arrière, nous ne sommes plus à même de comprendre la résistance de la génération qui nous a précédés.

Pour nous , le temps toujours uniforme, uniforme toute l'année , est plus qu'une convenance : il est devenu une nécessité.

Mais il n'en était pas ainsi pour nos pères du XV° et du XVI° siècle, qui lorsque les horloges publiques se multiplièrent, exigeaient non seulement qu'on fît sauter l'heure à midi, mais qu'on suivît encore l'antique division accadienne en heures temporaires.

Il leur fallait exactement douze heures du lever au coucher du Soleil, quelle que fût la longueur de la journée, et douze heures du coucher du Soleil à son lever, quelle que fût la durée de la nuit.

Il en résultait qu'on devait toucher tous les jours, non seulement aux aiguilles mais au mécanisme, pour le faire marcher avec une vitesse différente le jour et la nuit.

Il y avait, comme on disait, de grandes heures et des petites. Les heures d'été étaient fort différentes de celles d'hiver.

Nous en sommes venus à l'idée qu'une heure est une durée fixe, un terme de comparaison toujours le même ; nous trouvons cela simple. Cette uniformité est devenue, dans notre société active, qui a un incessant besoin de l'heure, une véritable nécessité.

Mais il ne faut pas croire que l'homme aille d'abord au plus simple, et plus tard au plus compliqué. C'est le contraire qui est vrai.

Les idées simples ont un caractère trop marqué de généralisation, pour être les premières.

Ainsi récapitulons les progrès qu'a fait la manière de compter le temps.

Les heures de nuit sont devenues égales à celles de jour, après être restées pendant plus de trente-sept siècles différentes.

Le point de départ, le midi, ne saute plus de jour en jour, et l'uniformité demeure absolue.

Mais nous comptons encore nos heures en deux séries, deux tours de cadran, reste évident de l'époque où il y avait deux espèces d'heures.

Pourquoi recommencer quand nous sommes à mi-chemin, au risque d'une confusion possible ?

Pourquoi ne pas compter tout d'une venue les heures d'une même date, d'un nychthémère, pour employer la vieille expression ?

Pourquoi ne pas se mettre ainsi à l'abri de toute incertitude ?

Pourquoi ?

Il n'y a qu'une raison et une réponse : parce qu'il y a quatre mille ans que l'on comptait comme nous comptons.

# MÉRIDIENS

## ET DIFFÉRENCES D'HEURES.

ALGER.

# MÉRIDIENS

## ET DIFFÉRENCES D'HEURES.

On sait que les degrés de latitude donnent des indications très importantes en ce qui concerne les climats des contrées et leurs productions.

Les différences d'heures que l'on constate dans les divers pays, proviennent de leur situation au point de vue de la longitude.

En adoptant le méridien de Paris, Gand en Belgique se trouve sur ce méridien, de même que Barcelone en Espagne, Palma dans les îles Baléares, Médéa et Miliana, un peu à l'ouest d'Alger;

ÉDIMBOURG.

vers le 2ᵉ degré de longitude occidentale, Londres et Greenwich, où passe le premier méridien anglais, Mostaganem et Mascara en Algérie ;

vers le 4ᵉ, Newcastle et Birmingham en Angleterre, Pampelune en Espagne, et Tlemcen en Algérie ;

vers le 6ᵉ, Édimbourg en Écosse, Burgos, Madrid et Grenade en Espagne.

Sur le méridien le plus occidental de France, celui de Brest, nous ne trouvons guère que Glasgow en Écosse, Valladolid et Cordoue en Espagne.

sur le 8ᵉ, Dublin en Irlande, Cadix en Espagne, et Sainte-Hélène dans l'Océan ;

vers le 9ᵉ, Lisbonne ;

vers le 20ᵉ, l'Ile-de-Fer, d'où l'on a long-temps commencé à compter les méridiens ;

vers le 45ᵉ, Rio-Janeiro ;

vers le 60ᵉ, Montévideo et Buenos-Ayres, dans l'Amérique méridionale ;

vers le 75ᵉ, Québec, au Canada, Boston et New-York aux États-Unis, St-Domingue, et Santiago au Chili ;

VENISE.

vers le 80ᵉ, Baltimore aux États-Unis, l'isthme de Panama, Quito, sur l'équateur, Lima au Pérou ;

vers le 80ᵉ, la Nouvelle-Orléans ;

vers le 100ᵉ, Mexico ;

au 125ᵉ, San-Francisco ;

vers le 140ᵉ, le 150ᵉ et le 160ᵉ, les îles Noukahiva ou Marquises, puis les îles Taïti, à la France, et enfin les îles Sandwich, habitées par des sauvages au siècle dernier, et aujourd'hui constituées en monarchie constitutionnelle, sous le nom de royaume d'Hawaii, et envoyant leurs produits à l'Exposition universelle.

A l'est :

A peu près sur le 2ᵉ degré, on trouve Amsterdam et La Haye en Hollande, Anvers et Bruxelles en Belgique ;

vers le 4ᵉ, la plus grande partie de la Norwége, Aix-la-Chapelle en Prusse, Luxembourg, Genève en Suisse, Constantine en Algérie ;

vers le 6ᵉ, Francfort, Mayence, Carlsruhe en Allemagne, Lucerne en Suisse, Milan

UNE RUE DE CANTON.

et Gênes en Italie, La Calle, à l'extrémité orientale des possessions françaises, en Algérie;

vers le 8e, on trouve Christiana, capitale de la Norwége, Hambourg en Allemagne, Parme et Livourne en Italie, Tunis en Afrique ;

vers le 10e, Copenhague en Danemark, Leipzig en Saxe, Venise et Rome en Italie, Tripoli en Afrique ;

vers le 15e, Stockholm en Suède, Breslau en Silésie, Vienne en Autriche, et le Cap de Bonne-Espérance en Afrique ;

vers le 25e, Saint-Pétersbourg et Constantinople ;

vers le 30e ou le 35e, Moscou et Sébastopol en Russie, Jérusalem, et Suez ;

vers le 50e, Kasan en Sibérie, et Ispahan en Perse ;

vers le 70e, Bombay dans l'Inde ;

vers le 80e, Madras et Pondichéry ;

vers le 90e, Calcutta, et Lassa, capitale du Thibet ;

vers le 100e, Irkoustk en Sibérie, et Batavia dans l'île de Java ;

vers le 110°, Canton, Hong-Kong, et Pékin en Chine ;

vers le 120°, Shang - Haï, en Chine, les Philippines et Célèbes ; vers le 130°, la Mandchourie, et le milieu de l'Australie ;

vers le 140°, Okhotsk en Sibérie, Yeddo au Japon, et Melbourne dans l'Australie ;

vers le 150°, Sydney, dans le même continent, et vers le 170°, la Nouvelle-Zélande ;

Les longitudes, par suite de la différence des heures, qui en est la conséquence, présentent un intérêt très grand qui s'est encore singulièrement accru depuis la création des chemins de fer, où la régularité du service a forcé d'adopter, pour chaque pays, une heure unique.

Pour la Belgique, c'est celle du méridien de Bruxelles, mais pour les autres contrées, c'est ordinairement celle de leur capitale, d'où rayonnent en général, presque toutes leurs voies ferrées.

Tandis que l'heure véritable varie avec les localités, puisque le midi, dans chaque lieu, correspond au passage du soleil au méridien du lieu, l'heure des chemins de fer est la même dans toutes les gares, pour toute l'étendue d'un même pays.

Ainsi, dans toutes les localités, il y a aujourd'hui deux heures différentes, l'heure véritable du lieu, et celle du chemin de fer, qui, en Belgique, est l'heure de Bruxelles.

Il y a même beaucoup de villes où il y a trois heures différentes : ce sont les villes frontières.

Ainsi, à Genève, où aboutissent des chemins de fer français et suisses, il y a, outre l'heure naturelle de la ville, qui est déterminée par sa longitude, l'heure de Paris sur laquelle sont réglés les départs et les arrivées des trains venant de France ou se dirigeant de ce côté.

La Suisse ayant un réseau de chemins de fer dont les heures de départ et d'arrivée sont uniformes, et réglées sur l'heure de la ville centrale, qui est Berne, les trains qui se dirigent de Genève vers l'intérieur de la Suisse sont réglés sur l'heure générale adoptée pour ce pays.

Il y a donc à Genève trois heures différentes, que chacun doit connaitre : celle de la ville, celle de Paris, et celle de Berne.

BERNE

Aussi les horloges de la ville portent-elles trois cadrans, indiquant chacun l'une de ces heures.

Le même cas se présente dans toutes les villes frontières où aboutissent les voies ferrées venant de l'intérieur du pays et celles qui viennent du pays voisin.

On trouve de tous côtés, avec l'heure de la localité, l'heure de la capitale du pays, et celle de la capitale de l'état voisin.

Les trains de chemins de fer partant partout forcément à heure fixe et sans pouvoir attendre la commodité de personne, il importe à chacun de se rendre compte de la différence qui peut exister dans les heures d'une localité à l'autre.

Cette connaissance est du plus grand intérêt pour ceux qui voyagent ; car si, dans un même pays, l'heure est la même partout au chemin de fer, l'heure qui règle les affaires dans chaque localité, est l'heure du lieu.

Une erreur, occasionnée par la différence d'heures, peut avoir des conséquences graves ; elle peut faire manquer un rendez-vous, échouer une affaire et compromettre des intérêts d'une manière ou d'une autre.

Il est donc bon de s'exercer aux calculs que peuvent nécessiter les différences de longitude. Ils sont d'ailleurs fort simples, et ne demandent que de l'attention.

Cependant les erreurs sont faciles et très fréquentes, parce qu'en raison de la différence entre les longitudes orientales et occidentales, il faut tantôt ajouter et tantôt soustraire.

La différence des heures ou des méridiens, à la surface de la terre, provient, comme chacun sait, de la révolution de la terre sur son axe.

Cette révolution s'accomplissant en un jour ou 24 heures, la terre voit successivement passer devant elle tous les points du ciel, et en chaque lieu, on voit successivement le soleil apparaître à l'est le matin, s'élever dans le ciel, et passer au méridien à midi ; puis s'incliner, et disparaître le soir à l'ouest, pour reparaître le lendemain à l'est.

Il en résulte que le soleil semble parcourir successivement tous les points de la terre, d'où l'on a conservé l'habitude, dans le langage ordinaire, de substituer la marche du soleil à la marche de la terre.

Le résultat étant le même, cette substitution, qui rend le langage plus facile, n'a aucun inconvénient.

La terre accomplissant sa révolution en 24 heures ou 1440 minutes et sa circonférence étant partagée en trois cent soixante degrés, il en résulte que chaque degré est parcouru en 4 minutes ; nous savons tous que quinze degrés correspondent à 1 heure.

Par la même raison, le degré se divisant comme l'heure en 60 minutes, une minute, en degré, correspond à 4 secondes en temps.

Avec ces éléments, on a tout ce qu'il faut pour pouvoir faire tous les calculs possibles sur les longitudes des différents lieux, et sur la différence qui en résulte pour les heures.

Une des premières choses qui ressort de ces simples données , c'est que d'assez petites différences de méridien constituent des différences d'heure très appréciables.

BORDEAUX.

Ces différences sont en rapport avec l'importance des pays, elles atteignent parfois une valeur considérable, dont il est impossible de ne pas tenir compte.

Ainsi Strasbourg étant à 5° 25′ de longitude orientale de Paris , il en résulte entre Strasbourg et Paris une différence de 21 minutes 40 secondes.

Une personne qui part de Mons pour Paris, le soir, et qui arrive le lendemain à Paris, trouve en arrivant une différence de près d'un quart d'heure entre sa montre et les horloges de la ville.

Les voyageurs revenant d'Espagne , qui se trouvent à Hendaye doivent changer l'heure à leur montre, s'ils doivent s'arrêter à Bordeaux.

Mais, la terre tournant de l'Ouest à l'Est, et le soleil paraissant en conséquence aller de l'Est à l'Ouest il se lève, passe au méridien et se couche plus tôt, pour les pays situés à l'Est d'un lieu quelconque ; les mêmes phénomènes ont lieu au contraire plus tard pour un lieu situé à l'Ouest.

Par conséquent, il est six heures du matin, midi ou minuit, pour un lieu situé à l'est de Bruxelles, quand il n'est pas encore cette heure à Bruxelles ; et de même, il n'est pas encore six heures du matin, midi ou minuit, dans un lieu situé à l'Ouest, quand cette heure a déjà sonné dans cette ville.

La culmination du soleil a donc lieu plus tôt dans les pays situés à l'Est, et plus tard dans les pays situés à l'Ouest.

En conséquence une montre réglée sur l'heure d'un lieu doit se trouver en retard lorsqu'on la transporte dans un lieu situé à l'Est, et elle doit avancer quand on marche vers un lieu placé à l'Ouest.

On voit tout de suite à combien d'exercices variés peuvent donner lieu l'étude et la comparaison des méridiens.

A l'intérêt qu'ils ont naturellement pour tout le monde, ces exercices joignent le grand avantage de commander fortement l'attention.

Ils prêtent en effet à des erreurs que bien des personnes instruites ne savent pas toujours éviter.

Ainsi les phénomènes se passent en sens inverse, s'il s'agit de longitudes orientales ou de longitudes occidentales ; tantôt il faut ajouter, tantôt il faut retrancher. Si l'on compare des latitudes orientales à des latitudes occidentales, on doit en additionner les mesures pour en trouver la différence.

Si le soleil est en avance d'un lieu sur un autre, une montre, transportée du dernier au premier, s'y trouvera en retard ; elle sera en avance, au contraire, si on va dans un lieu où le soleil se lève plus tard.

On doit donc dans tous les cas se garder de conclure avec précipitation.

Enfin la transformation des degrés, minutes et secondes de longitude, en heures, minutes et secondes de temps, ou réciproquement, donne lieu à des exercices utiles sur les nombres complexes.

Voici, comme exemples, quelques-uns des exercices qu'on pourrait faire : on verra combien il est possible de les multiplier en variant les données et en changeant les localités.

9

Par quelles villes ou près de quelles villes passe le 3ᵉ degré de longitude occidentale ? — le 2ᵉ degré de longitude orientale ?

Quelle province traverse tel degré de longitude Est ? — tel degré de longitude Ouest ?

Quels pays traverse le 10ᵉ degré de longitude orientale, et près desquels passe-t-il ? — le 10ᵉ de longitude occidentale ? — le 100ᵉ de longitude Est ? — le 70ᵉ de longitude Ouest ?

Quel est le méridien qui traverse la plus grande étendue de terre ? — celui qui traverse la plus grande étendue de mer ?

Londres est à 2° 20′ Ouest de Paris : quelle est la différence d'heure ?

A Rome l'angelus sonne à diverses heures suivant les saisons.

Bordeaux est à 2° 54′ Ouest de Paris, et New-York à 76° 20′ : combien d'heures le soleil tardera-t-il à se lever à New-York, après s'être levé à Bordeaux ?

Dublin est à 8° 40′ Ouest de Paris, et Moscou à 35° 14′ Est : quelle est la différence de longitude entre Dublin et Moscou ?

RUE A NEW-YORK.

Il y a 1 heure 42 minutes de différence entre l'heure d'Amsterdam et de Saint-Pétersbourg : quelle est la différence de longitude ?

La différence d'heures entre Vienne et Paris est de 59 minutes : quelle est la différence de longitude ?

La différence d'heures entre Bruxelles et Paris est de 8 minutes et 8 1/2 secondes.

Le soleil se lève à Vienne 15 minutes avant Berlin : quelle différence de longitude y a-t-il entre ces deux villes ?

A Genève, l'heure de la ville est en avance de 15 minutes 15 secondes sur l'heure de Paris, et en retard de 5 minutes 10 secondes sur l'heure de Berne : quelle est la longitude de Berne ?

Nous ne pousserons pas plus loin ces exemples : ils suffisent pour donner une idée de la variété des exercices auxquels se prête l'étude des longitudes et de l'intérêt qu'elle peut avoir.

# L'HORLOGE HISTORIQUE

## DE COURTRAI.

Voici sur l'horlogerie, des renseignements fort intéressants et fort instructifs que nous empruntons au journal *Ciel et Terre*.

La ville de Courtrai a possédé l'une des premières horloges à poids et à sonnerie qui aient été établies en Europe. Au milieu du XIVe siècle, on aurait pu compter les villes dans lesquelles une horloge publique donnait la marche du temps. Jusque là, il avait été réservé aux rois et aux empereurs de posséder, comme pièces de curiosité, des appareils qui mesuraient les heures et que l'eau mettait en mouvement en s'échappant d'un réservoir.

CHARLEMAGNE.

C'étaient d'énormes machines, qui se fabriquaient en Orient. Charlemagne, en 807, en avait reçu une en présent du calife de Perse Abdallah; et en 1232, Frédéric II était redevable de celle qu'il faisait voir à ses visiteurs comme une merveille, au Sultan d'Égypte, Malek Kamel.

Le fait de trouver dans une ville de nos Flandres une des premières horloges à poids et à volant qui ait existé, offre assez d'intérêt par lui-même. Mais il serait désirable qu'on continuât les recherches sur les procédés employés dans la mesure du temps.

L'écoulement de l'eau exigeait une surveillance continuelle pour alimenter le réservoir.

En Orient, il y avait, dans les palais, un personnel particulier chargé de prendre soin de ces pièces mécaniques et de les tenir constamment en mouvement. C'étaient donc des appareils de luxe exceptionnels, et qui ne pouvaient devenir d'un usage général.

Mais quand on eut substitué un poids moteur à l'écoulement de l'eau, il suffisait de remonter l'horloge à certains intervalles, et la machine put devenir pratique.

Cette substitution fut imaginée au IX<sup>e</sup> ou X<sup>e</sup> siècle, sans qu'on en sache positivement l'auteur. Toutefois, les frottements des roues s'opposaient seuls à la chute du poids, car on ne songea que beaucoup plus tard à adapter le pendule au mécanisme.

Dans ces conditions, si le poids eût été lourd, il aurait déroulé la corde en quelques instants, l'aiguille aurait tourné follement sur le cadran, puis tout serait rentré au repos.

On ne pouvait donc employer pour moteur qu'un poids strictement suffisant pour vaincre les résistances des rouages. Mais alors la moindre variation dans ces résistances arrêtait court la machine, ou bien en troublait la marche.

Cette difficulté finit cependant par être vaincue, mais on est également incertain sur le nom de l'habile inventeur qui sut la résoudre.

Il y parvint en employant un poids moteur beaucoup plus considérable que les frottements ne l'eussent exigé, mais en retardant en même temps sa descente par un volant à ailes qui éprouvait une grande résistance dans l'air.

PORT DE LONDRES.

De plus, il eut l'idée fort ingénieuse de lancer ce volant alternativement dans un sens, puis dans le sens contraire, à l'aide d'un échappement vertical, en sorte que le moteur avait tour à tour à lui donner, puis à lui retirer sa vitesse.

C'était une sorte de pendule horizontal, ou plutôt de balancier comme celui de nos montres, mais agissant sans spirale, et par la seule inertie de sa lourde masse.

Vers la fin du XIII$^e$ siècle, on commence à mentionner les horloges construites d'après ce principe. Ce fut alors qu'on vit pour la première fois des appareils mécaniques à mesurer le temps, en dehors des cabinets de curiosité des rois.

L'abbaye de Westminter, à Londres, fut dotée d'une de ces horloges en 1288, et l'abbaye de Saint-Albans, entre Londres et Cambridge, d'une autre en 1315.

L'Italie en eut la première la spécialité sur le continent. Jacques de Dondis mit en marche l'horloge de Padoue en 1443, après y avoir travaillé pendant seize ans.

Celle de Courtrai existait selon toutes les apparences, depuis plusieurs années, en 1363, date où elle est mentionnée par l'historien Froissart.

Mais qui l'avait construite, et comment Courtrai fut-elle la seconde ville, au moins à la connaissance des historiens, qui eut une horloge à poids et à volant sur le continent ?

Ces questions n'ont pas jusqu'à présent être éclaircies.

Il est certain que l'horloge de Courtrai était antérieure à la célèbre horloge de Strasbourg, qui est de 1368, et même à celle du Palais, à Paris, qui fut montée en 1364.

Cette époque était le moment où Henri de Vic construisit les premières horloges d'Allemagne.

Vers ce même temps, au rapport de Muratoni, les horloges publiques qui sonnaient les heures commencèrent également à se répandre en Italie. Mais Courtrai fut incontestablement une des premières villes qui se trouvèrent pourvues de la nouvelle invention.

Son horloge était connue sous le nom de « Jacquemart », mot qui, à cette époque,

était simplement l'équivalent de Jacques.
On disait le Jacques de Courtrai.

Cette expression n'a jamais été expliquée
d'une manière satisfaisante.

Venait-elle de Jacques de Dondis, ou, comme
d'autres l'ont supposé, d'un certain Jacques
Aimar, qui construisait aussi des horloges ?
Il est impossible de rien affirmer.

Bien que les Courtraisiens fussent fort fiers
de leur Jacques, les hommes éclairés de ce
temps en faisaient peut-être encore plus de cas
que les habitants. La circonstance suivante
l'atteste.

En 1363, le roi de France, Charles V, s'étant
emparé de Courtrai, voulut qu'on lui restituât
les éperons dorés des chevaliers de sa nation
pris sur le champ de bataille en 1301.

Les Courtraisiens s'y opposèrent. Alors
le roi, furieux de ce refus, ordonna de mettre
le feu à la ville. Mais aussitôt que le duc
de Bourgogne, Philippe le Hardi, eut appris
cette résolution, il ordonna de démonter le
Jacquemart, pour le sauver de la destruction.

Ce fut le seul objet de valeur qui échappa à l'incendie, ce qui montre bien le cas qu'on en faisait. L'horloge fut donc enlevée pièce par pièce ; on chargea les rouages et la sonnerie sur des chariots, et ceux-ci furent acheminés en hâte sur Dijon.

Là, dit Froissart, l'horloge fut remontée. et l'on sait qu'elle devint une des curiosités de cette ville, alors capitale. Mais avec le temps elle se détériora ; on finit aussi par la trouver démodée, et depuis 1802 elle n'existe plus.

Aucune des horloges du XIV" siècle n'est d'ailleurs parvenue jusqu'à nous, au moins dans l'état primitif.

Il serait fort difficile, d'après le peu de renseignements qui nous ont été conservés, de restituer la construction du Jacques de Courtrai. Les horloges de ce temps-là n'avaient pas la simplicité de celles de nos jours.

Nos cadrans publics se bornent à donner les heures et les minutes, à peu près comme on lit les mètres cubes sur les cadrans des compteurs à gaz. Mais les premières horloges à poids étaient une imitation des pièces mécaniques de l'Orient qui les avaient précédées. On n'avait pas songé d'abord à des cadrans.

C'était le ciel entier, avec tous ses astres, l'image fidèle de l'horloge céleste, qu'on montrait à l'intérieur d'une grande coupole, sous laquelle il fallait se placer pour juger de l'heure par l'aspect de ce firmament diminutif.

On voyait là le soleil, la lune, toutes les planètes, avec leurs mouvements apparents, réglés par la machine, s'exécutant au milieu d'un grand dessin des constellations. Le zodiaque était marqué ; le soleil le parcourait de son mouvement inégal, et l'on pouvait observer sur l'appareil, avec plus de facilité qu'on ne l'aurait fait sur le ciel, son entrée dans les différents signes.

On jugeait de même à l'inspection de la coupole, de la situation de la lune relativement au soleil et, par conséquent, des phases. On voyait quelles planètes étaient étoiles du soir, et quelles autres étaient étoiles du matin. En un mot, c'était le ciel en miniature, avec tous ses aspects et ses changements.

Ce fut seulement plus tard qu'on scanda la durée en heures définies. Mais il n'y avait pas encore de cloche ni de numération fixée. L'expiration de chaque heure était marquée par le jeu de certains organes ou de certains personnages. Tantôt c'était un ange qui apparaissait et qui sonnait d'une trompette, tantôt un coq faisait retentir son chant, tantôt encore un oiseau mécanique qui laissait tomber de son bec une boule de métal dans un bassin de bronze retentissant.

Ce fut même par là qu'on arriva à l'idée de numéroter les heures, ou, comme nous disons aujourd'hui de les sonner. L'oiseau laissait tomber autant de boules, et, par conséquent on entendait autant de coups qu'il y avait d'heures écoulées. Mais la cloche et le marteau n'était pas encore employés.

Tel était l'état dans lequel les inventeurs des horloges à poids avaient trouvé les grands appareils mus pur l'écoulement de l'eau. Ils eurent d'abord pour but d'imiter, en perfectionnant le mécanisme, les modèles orientaux qu'ils avaient sous les yeux.

Le vulgaire n'aurait pas accepté d'ailleurs une innovation plus radicale, et il aurait probablement rejeté avec dédain, si quelqu'un les lui eût présentés, nos cadrans électriques, si simples, mais si nus et si dépourvus d'ornements.

On exigeait alors de tous les instruments un certain aspect artistique. Ce serait une grande erreur de croire que l'homme commence en tout par le plus élémentaire et le plus simple.

Le contraire serait plus près de la vérité.

Lorsqu'on employa pour la première fois la cloche pour sonner les heures par le nombre des coups, ce ne fut pas un marteau commun que l'on mit en œuvre: c'étaient des personnages qui sortaient d'une niche du clocher et qui venaient frapper, chacun à son tour, sur le bronze sonore.

A midi, dans beaucoup d'horloges, les douze apôtres se présentaient pour donner chacun un coup de maillet.

Voilà comment ces premières machines étaient des pièces automatiques d'une grande complication, avec l'intention d'exciter l'admiration des contemporains.

La grandeur des organes, l'originalité des scènes, la beauté des personnages, la parfaite construction des rouages faisaient entre autres à celle de Strasbourg une réputation hors ligne.

Les mouvements apparents des astres y étaient reproduits avec une telle perfection de mécanisme, qu'ils pouvaient aller un siècle sans qu'on eût besoin d'y toucher : il suffisait de tenir l'horloge en marche.

On ne dit pas que Jacques de Courtrai fut un aussi remarquable chef-d'œuvre de combinaisons et de patience. Mais l'admiration dont il était l'objet prouve qu'il ne s'agissait pas d'un simple cadran sur lequel tournait une aiguille. Les heures y sonnaient de 1 à 24. A la première heure, une pointe entée sur un cylindre, déclanché par la machine, venait appuyer sur une touche et sonnait un coup.

A ladeuxième heure, deux pointes touchaient deux fois, puis toujours en augmentant jusqu'à la vingt-quatrième heure, où l'on voyait agir 24 broches.

(Ciel et Terre.)

# TABLE DES MATIÈRES.